Uma breve introdução
à filosofia

Uma breve introdução à filosofia

Thomas Nagel

Tradução
SILVANA VIEIRA

SÃO PAULO 2018

*This translation of WHAT DOES IT ALL MEAN?, originally published
in English in 1987, is published by arrangement with Oxford University Press, Inc.
Esta tradução de WHAT DOES IT ALL MEAN?, publicada originalmente
em inglês em 1987, está sendo publicada por acordo com Oxford University Press, Inc.
Copyright © 1987 by Thomas Nagel.
Copyright © 2001, Livraria Martins Fontes Editora Ltda.,
São Paulo, para a presente edição.*

1ª edição 2001
3ª edição 2011
3ª tiragem 2018

Tradução
SILVANA VIEIRA

Revisão da tradução
Luzia Aparecida dos Santos
Atualização ortográfica
Luzia Aparecida dos Santos
Revisões gráficas
Sandra Regina de Souza
Ivete Batista dos Santos
Dinarte Zorzanelli da Silva
Produção gráfica
Geraldo Alves
Paginação
Studio 3 Desenvolvimento Editorial

Dados Internacionais de Catalogação na Publicação (CIP)
(Câmara Brasileira do Livro, SP, Brasil)

Nagel, Thomas
  Uma breve introdução à filosofia / Thomas Nagel ; tradução Silvana Vieira. – 3ª ed. – São Paulo : Editora WMF Martins Fontes, 2011.

  Título original: What does it all mean?
  ISBN 978-85-7827-439-9

  1. Filosofia I. Título.

11-06803   CDD-100

Índices para catálogo sistemático:
1. Filosofia   100

Todos os direitos desta edição reservados à
Editora WMF Martins Fontes Ltda.
*Rua Prof. Laerte Ramos de Carvalho, 133 01325-030 São Paulo SP Brasil
Tel.(11) 3293-8150 e-mail: info@wmfmartinsfontes.com.br
http://www.wmfmartinsfontes.com.br*

Índice

1. Introdução.. 1
2. Como sabemos alguma coisa? 7
3. Outras mentes... 19
4. O problema mente-corpo 27
5. O significado das palavras 39
6. Livre-arbítrio.. 49
7. Certo e errado.. 63
8. Justiça 81
9. Morte 93
10. O significado da vida 101

1
Introdução

Este livro é uma breve introdução à filosofia para aqueles que não conhecem nada sobre o assunto. Geralmente, só se estuda filosofia quando se chega à faculdade, e por isso suponho que a maioria dos leitores deste livro ou estão em idade de cursar a faculdade ou são pessoas mais velhas. Mas isso nada tem a ver com a natureza do tema, e ficaria muito satisfeito se o livro despertasse o interesse também de alunos inteligentes do ensino médio que apreciam ideias abstratas e argumentos teóricos – se algum deles chegar a lê-lo.

Nossa capacidade analítica geralmente já se encontra bastante desenvolvida antes mesmo que tenhamos aprendido muita coisa sobre o mundo, e por volta dos catorze anos muitos jovens começam a refletir sobre questões filosóficas por si sós – sobre o que realmente existe, se podemos chegar a saber alguma coisa, se existe algo que seja realmente certo ou errado, se a vida tem algum significado, se a morte é o fim de tudo. Muito se escreveu sobre essas questões ao longo desses milhares de anos, mas a matéria-prima filosófica nos é fornecida diretamente pelo mundo e por nossa relação com ele, não pelos escritos do passado. É por isso que esses temas surgem repetidas vezes na cabeça de pessoas que nunca leram nada a respeito deles.

Esta é uma introdução direta a nove problemas filosóficos, cada um dos quais pode ser entendido por si mesmo, sem referência à história do pensamento. Não discutirei aqui os grandes tratados filosóficos do passado, nem o contexto cultural em que foram escritos. O cerne da filosofia reside em certas indagações que a reflexiva mente humana considera naturalmente intrigantes, e a melhor forma de iniciar o estudo da filosofia é pensar sobre elas diretamente. Feito isso, você estará mais bem preparado para apreciar o trabalho de outras pessoas que tentaram resolver os mesmos problemas.

A filosofia é diferente da ciência e da matemática. Ao contrário da ciência, ela não se apoia em experimentos ou na observação, mas apenas na reflexão. E, ao contrário da matemática, não dispõe de nenhum método formal de verificação. Ela se faz pela simples indagação e arguição, ensaiando ideias e imaginando possíveis argumentos contra elas, perguntando-nos até que ponto nossos conceitos de fato funcionam.

INTRODUÇÃO

A principal ocupação da filosofia é questionar e entender ideias muito comuns que todos nós usamos no dia a dia sem nem sequer refletir sobre elas. O historiador perguntará o que aconteceu em determinado tempo do passado, enquanto o filósofo indagará: "O que é o tempo?" O matemático investigará as relações entre os números, ao passo que o filósofo perguntará: "O que é um número?" O físico desejará saber de que são feitos os átomos, ou como se explica a gravidade, mas o filósofo indagará como podemos saber se existe alguma coisa fora da nossa mente. O psicólogo talvez pesquise como a criança aprende a linguagem, mas a indagação do filósofo será: "O que dá sentido a uma palavra?" Alguém pode perguntar se é certo entrar sorrateiramente no cinema e assistir ao filme sem pagar, mas o filósofo perguntará: "O que faz com que uma ação seja certa ou errada?"

Não iríamos muito longe se não tivéssemos como certas as ideias de tempo, número, conhecimento, linguagem, certo e errado a maior parte do tempo; mas na filosofia investigamos essas coisas em si. O objetivo é aprofundar um pouco mais nossa compreensão do mundo e de nós mesmos. Obviamente, não é uma tarefa fácil. Quanto mais básicas as ideias que tentamos investigar, menos são os instrumentos de que dispomos para nos ajudar. Não há muita coisa que possamos dar por certa ou garantida. Assim, a filosofia é uma atividade um tanto vertiginosa, e poucos de seus resultados permanecem incontestados por muito tempo.

Como acredito que a melhor forma de aprender filosofia é refletir sobre questões particulares, não direi mais nada sobre sua natureza geral. Os nove problemas que vamos examinar são os seguintes:

O conhecimento do mundo além da nossa mente
O conhecimento de outras mentes além da nossa
A relação entre mente e cérebro
Como a linguagem é possível
Se temos livre-arbítrio
O fundamento da moral
Que desigualdades são injustas
A natureza da morte
O significado da vida

Trata-se apenas de uma seleção, pois há muitas outras questões em filosofia.

O que eu disser aqui será reflexo da minha própria visão acerca desses problemas e não representará, necessariamente, o pensamento da maioria dos filósofos. Seja como for, não há nada, provavelmente, que seja compartilhado pela maioria dos filósofos ao refletirem sobres essas questões: os filósofos divergem, e há mais de dois lados para cada questão filosófica. Minha opinião pessoal é que a maior parte desses problemas não foi resolvida, e alguns deles talvez jamais o sejam. Mas o objetivo aqui não é fornecer respostas – nem mesmo respostas que eu possa considerar corretas – mas apresentar os problemas de maneira bastante preliminar, para que você possa ocupar-se deles por si só. Antes de aprender muitas teorias filosóficas, é melhor enredar-se nas questões filosóficas a que essas teorias buscam responder. E a melhor forma de fazê-lo é examinar algumas soluções possíveis e ver o que há de errado com elas. Tentarei deixar as questões em aberto, mas, ainda que eu diga o que penso, você não tem por que acreditar em mim, a menos que considere meu argumento convincente.

Existem muitos textos introdutórios excelentes, que incluem coletâneas dos grandes filósofos do passado e de escritos mais recentes. Este livro conciso não substitui essa abordagem, mas espero que propicie um primeiro contato com o assunto que seja tão claro e direto quanto possível. Se, depois de sua leitura, você resolver aprofundar-se um pouco mais, verá que há muito mais a dizer sobre esses problemas do que foi dito aqui.

2
Como sabemos alguma coisa?

Se você pensar bem, verá que o interior da sua mente é a única coisa da qual pode ter certeza.

Qualquer coisa em que você acredite – seja a respeito do Sol, da Lua, das estrelas, da casa e da vizinhança em que você vive, seja sobre história, ciência, outros povos, até sobre a existência de seu próprio corpo – está baseada em suas experiências e pensamentos, sentimentos e impressões sensoriais. Essas são as únicas evidências em que você pode se basear diretamente, seja ao ver o livro em suas mãos, ao sentir o chão sob seus pés, ou ao lembrar que George Washington foi o primeiro presidente dos Estados Unidos, ou que a água é H_2O. Todo o resto está mais distante de você do que suas experiências internas e seus pensamentos, e somente chega a você através deles.

Geralmente você não duvida da existência do chão sob seus pés, ou da árvore que vê pela janela, ou dos seus dentes. Na verdade, na maior parte das vezes você nem sequer pensa nos estados de espírito que o fazem perceber essas coisas: parece que você as percebe diretamente. Mas como sabe que elas realmente existem?

Se tentar argumentar que deve existir um mundo físico externo, porque, se não houvesse coisas lá fora que refletissem ou difundissem luz nos seus olhos, produzindo suas experiências visuais, você não poderia ver os edifícios, as pessoas ou as estrelas, a resposta é óbvia: Como sabe *disso*? É apenas mais uma afirmação sobre o mundo externo e sua relação com ele, e precisa estar baseada nas evidências dos seus sentidos. *Mas você só poderá confiar nessas evidências específicas sobre como se produzem as experiências visuais se já puder confiar, de maneira geral, no conteúdo da sua mente para lhe dizer como é o mundo externo. E é exatamente isso que está em questão.* Se tentar provar a credibilidade das suas impressões recorrendo a suas impressões, estará argumentando em círculo e não chegará a lugar algum.

Será que as coisas lhe pareceriam diferentes se, de fato, todas elas existissem *apenas* na sua mente – se tudo o que você julgasse ser o mundo externo real fosse apenas um sonho ou alucinação gigante, de que você jamais fosse despertar? Se assim fosse, então é claro que você nunca *poderia* despertar, como faz quando sonha, pois significaria que não há mundo "real" no qual despertar. Logo, não seria exatamente igual a um sonho ou alucinação normal. Costumamos pensar nos sonhos como algo que acontece na mente das pessoas quando elas estão deitadas numa cama real, numa casa real, mesmo que no sonho estejam fugindo de um cortador de grama assassino pelas ruas de Kansas City. Também pressupomos que os sonhos normais têm a ver com o que está acontecendo no cérebro do sonhador enquanto ele dorme.

Mas será que todas as nossas experiências não poderiam ser um sonho gigante, sem *nenhum* mundo fora dele? Como você pode saber que não é assim? Se todas as suas experiências fossem um sonho e não houvesse *nada* do lado de fora, então qualquer evidência que você tentasse utilizar para provar a si mesmo que há um mundo externo apenas faria parte do sonho. Se você batesse na mesa ou se beliscasse, ouviria a batida e sentiria o beliscão, mas isso seria apenas mais uma coisa acontecendo dentro da sua mente, como tudo o mais. Não adianta: se você quer descobrir se o que há dentro da sua mente serve de guia para o que está fora dela, não pode apoiar-se no que as coisas *parecem* ser – a partir do interior da sua mente – para obter uma resposta.

Mas onde mais se apoiar? Todas as evidências acerca de qualquer coisa têm de vir através da sua mente – seja na forma de percepção, seja como testemunhos de livros e de outras pessoas, seja como memória –, e tudo aquilo de que você tem ciência é inteiramente compatível com a ideia de que não existe *absolutamente nada* que não seja o interior da sua mente.

É possível até que você não tenha corpo nem cérebro – já que suas crenças sobre isso vêm da evidência fornecida pelos seus sentidos. Você nunca viu seu cérebro – simplesmente admite que todos têm um cérebro –, mas, ainda que o tenha visto, ou pense que o viu, seria apenas mais uma experiência visual. Talvez *você*, o sujeito da experiência, seja a única coisa que existe, e não haja absolutamente nenhum mundo físico – nem estrelas, nem Terra, nem corpos humanos. Talvez nem mesmo o espaço exista.

A conclusão mais radical que se poderia tirar disso tudo é que sua mente *é* a única coisa que existe. Essa visão é chamada de solipsismo. É uma visão muito solitária, e poucas pessoas a sustentam. Como você pode perceber por esse comentário, nem mesmo eu a sustento. Se eu fosse um solipsista, provavelmente não escreveria este livro, pois não acreditaria que houvesse outra pessoa para lê-lo. Por outro lado, talvez o escrevesse para tornar minha vida interior mais interessante, ao incluir a impressão de ter o livro publicado, de haver outras pessoas que poderiam lê-lo e contar-me suas reações, e assim por diante. Se tivesse sorte, poderia até ter a impressão de receber direitos autorais.

Talvez você seja um solipsista: nesse caso, pensará que este livro é produto de sua própria mente, ganhando existência em sua experiência à medida que você o lê. É óbvio que nada do que eu disser poderá provar-lhe que eu realmente existo, ou que o livro, como objeto físico, existe.

Por outro lado, concluir que você é a única coisa que existe está além do que a evidência pode comprovar. Você não pode *saber*, com base no que se passa dentro da sua mente, que não existe nenhum mundo fora dela. Talvez a conclusão correta seja a mais modesta, a de que você não conhece nada além de suas impressões e experiências. Pode existir ou não um mundo externo, e, se existe, ele pode ser ou não completamente diferente do que lhe parece – você não tem como saber. Essa visão é denominada ceticismo acerca do mundo externo.

É possível uma forma ainda mais acentuada de ceticismo. Argumentos similares parecem demonstrar que você não sabe nada nem mesmo acerca de sua própria existência ou experiência passada, uma vez que tudo em que você pode se apoiar são os conteúdos presentes na sua mente, incluindo as impressões da memória. Se não pode ter certeza de que o mundo fora da sua mente existe *agora*, como pode ter certeza de que você mesmo existia *antes*? Como sabe que não passou a existir alguns minutos atrás, já completo, com todas as suas memórias presentes? A única evidência de que você não poderia ter começado a existir há alguns minutos baseia-se em crenças sobre como as pessoas e suas memórias são produzidas, o que, por sua vez, baseia-se em crenças sobre o que aconteceu no passado. Mas apoiar-se nessas crenças para provar que você existia no passado seria, mais uma vez, argumentar em círculo. Seria pressupor a realidade do passado para provar a realidade do passado.

Parece que você não consegue livrar-se do fato de que não pode ter certeza de nada, a não ser dos conteúdos da sua própria mente no momento presente. E parece que qualquer argumento que você tente usar para sair desse impasse irá falhar, pois o argumento terá de pressupor o que você está tentando provar – a existência do mundo externo à sua mente.

Suponha, por exemplo, que você argumente que deve haver um mundo externo, porque é impossível acreditar que você tenha todas essas experiências sem que haja *alguma* explicação em termos de causas externas. O cético pode responder a isso de duas formas. Primeiro, mesmo que existam causas externas, como você pode saber, pelo conteúdo da sua experiência, que causas são essas? Você nunca observou nenhuma delas diretamente. Segundo, em que se baseia sua ideia de que deve haver uma explicação para tudo? É verdade que, em sua concepção normal e não filosófica do mundo, processos como os que se desenrolam em sua mente são ocasionados, pelo menos em parte, por coisas externas. Mas você não pode pressupor que isso seja verdade, se o que está tentando descobrir é como sabe *alguma coisa* sobre o mundo fora da sua mente. Não há como provar tal princípio simplesmente examinando o que vai *dentro* da sua mente. Por mais plausível que o princípio possa parecer, que razões você tem para acreditar que ele se aplica ao mundo?

A ciência também não nos ajudará a resolver esse problema, ao contrário do que pode parecer. No pensamento científico usual, confiamos em princípios gerais de explicação para passarmos da maneira como o mundo nos parece à primeira vista para uma concepção diferente sobre aquilo que ele realmente é. Tentamos explicar as aparências em termos de uma teoria que descreva a realidade por trás delas, uma realidade que não podemos observar diretamente. É assim que a física e a química concluem que todas as coisas que vemos à nossa volta são compostas de átomos invisivelmente pequenos. Poderíamos argumentar que a crença geral no mundo externo tem o mesmo tipo de respaldo científico que a crença nos átomos?

O cético responderia que o processo do raciocínio científico levanta o mesmo problema cético que estivemos examinando desde o início: a ciência é tão vulnerável quanto a percepção. Como saber que o mundo fora de nossas mentes corresponde a nossas ideias do que seria uma boa explicação teórica para nossas observações? Se não podemos estabelecer a confiabilidade de nossas experiências sensoriais em relação ao mundo externo, também não há razão para pensarmos que podemos confiar em nossas teorias científicas.

Há uma outra resposta, muito diferente, para o problema. Alguns diriam que esse tipo de ceticismo radical que mencionei não faz sentido, pois a ideia de uma realidade externa que *ninguém* nunca pudesse descobrir não faz sentido. Argumenta-se que o sonho, por exemplo, tem de ser algo do qual você *possa* acordar para descobrir que esteve dormindo; uma alucinação tem de ser algo que os outros (ou você, mais tarde) *possam* ver que não está ali de fato. As impressões e aparências que não correspondem à realidade têm de ser comparadas com outras que correspondam *de fato* à realidade; do contrário, a distinção entre aparência e realidade não faz sentido.

Segundo esse ponto de vista, a ideia de um sonho do qual nunca se pode acordar não é, em absoluto, a ideia de sonho: é a ideia de *realidade* – o mundo real em que se vive. Nossa ideia acerca das coisas que existem é simplesmente nossa ideia do que podemos observar. (Essa visão é chamada, às vezes, de verificacionismo.)

Algumas vezes, nossas observações são equivocadas, mas isso significa que podem ser corrigidas por outras observações – como acontece quando você desperta de um sonho ou descobre que o que pensava ser uma cobra era apenas uma sombra na relva. Contudo, se não houver alguma possibilidade de existir uma visão correta (sua ou de outra pessoa) acerca de como as coisas são, não fará sentido a ideia de que suas impressões do mundo não são verdadeiras.

Se isso está certo, então o cético se ilude ao imaginar que a única coisa que existe é sua própria mente. Ele se ilude porque não poderia ser verdade que o mundo físico realmente não existe, a menos que alguém pudesse *observar* que não existe. E o que o cético tenta imaginar é precisamente que não *há* ninguém para observar isso ou qualquer outra coisa – exceto, é claro, o próprio cético, e tudo o que ele pode observar é o interior de sua própria mente. Assim, o solipsismo não faz sentido. Ele tenta subtrair o mundo externo da totalidade das minhas impressões; mas fracassa, porque, se o mundo externo é suprimido, elas deixam de ser meras impressões para tornar-se, em vez disso, percepções da realidade.

Esse argumento contra o solipsismo e o ceticismo tem alguma serventia? Não, a menos que a realidade possa ser definida como aquilo que podemos observar. Mas seremos mesmo incapazes de entender a ideia de um mundo real, ou um fato acerca da realidade, que não pode ser observado por ninguém, humano ou não?

O cético dirá que, se existe um mundo externo, as coisas nele são observáveis porque existem, e não o contrário: existência não é o mesmo que observabilidade. E, embora nossa ideia sobre sonhos e alucinações se baseie em situações nas quais julgamos *poder* observar o contraste entre as nossas experiências e a realidade, temos a impressão de que a mesma ideia pode estender-se a situações nas quais a realidade não é observável.

Se é assim, não parece então absurdo pensar que o mundo pode consistir apenas no interior da sua mente, ainda que nem você nem ninguém possa descobrir se isso é verdade. E, se isso não é absurdo, mas uma possibilidade a ser considerada, parece que não existe maneira de provar que ela é falsa sem argumentar em círculo. Portanto, talvez não haja como escapar da prisão de sua mente. Isso é o que se chama, às vezes, de dilema egocêntrico.

Dito tudo isso, no entanto, tenho de admitir que é praticamente impossível levar a sério a ideia de que todas as coisas que vemos no mundo à nossa volta na realidade podem não existir. Nossa aceitação do mundo externo é instintiva e poderosa: argumentações filosóficas não bastam para livrar-nos dela. Não apenas continuamos a agir *como se* as outras pessoas e coisas existissem: *acreditamos* que existem mesmo depois de termos aceitado argumentos que pareçam mostrar que não temos razão para sustentar tal crença. (No âmbito do nosso sistema geral de crenças sobre o mundo, podemos ter razões para sustentar crenças mais particulares sobre a existência de coisas particulares, como um rato numa cesta de pão, por exemplo. Mas isso é outra coisa. Tal crença pressupõe a existência do mundo externo.)

Se uma crença no mundo fora de nossas mentes se apresenta a nós de maneira tão natural, talvez não necessitemos de razões para sustentá-la. Podemos simplesmente aceitá-la e esperar que estejamos certos. É isso que a maioria das pessoas faz, na verdade, depois que desistem de tentar prová-la: embora não possam opor razões ao ceticismo, também não conseguem aceitá-lo. Isso quer dizer, porém, que nos agarramos às nossas crenças habituais sobre o mundo a despeito do fato de que (a) elas podem ser totalmente falsas, e (b) não temos fundamento para descartar essa possibilidade.

Restam-nos, portanto, três questões:

1. Existe uma possibilidade significativa de que o interior da sua mente seja a única coisa que existe? Ou, mesmo que exista um mundo fora da sua mente, que ele seja completamente diferente daquilo em que você acredita?

2. Se essas coisas são possíveis, há alguma maneira de provar para você mesmo que elas não são, de fato, verdadeiras?
3. Se você não pode provar que existe alguma coisa fora da sua mente, é certo continuar acreditando no mundo externo, mesmo assim?

3
Outras mentes

Há um tipo especial de ceticismo que continua a ser um problema mesmo que você admita que sua mente não é a única coisa que existe – que o mundo físico que você aparentemente vê e sente ao seu redor, até mesmo seu próprio corpo, de fato existe. Trata-se do ceticismo quanto à natureza ou mesmo quanto à existência de outras mentes ou experiências além da sua.

O que você sabe, de fato, sobre o que se passa na mente de outra pessoa? A única coisa que você observa com clareza são os corpos dos outros seres vivos, incluindo as pessoas. Você vê o que eles fazem, ouve o que dizem e os outros sons que produzem, e observa o modo como respondem ao ambiente que os cerca – que tipo de coisas os atrai e repele, o que comem, e assim por diante. Você pode também abrir os corpos de outros seres vivos e examiná-los por dentro, talvez até comparar a anatomia deles com a sua.

Mas nada disso lhe dará acesso direto às experiências, pensamentos e sentimentos que eles têm. A única experiência que você pode ter, na verdade, é a sua própria: se acredita que existe alguma vida espiritual nas outras pessoas, essa crença se baseia na sua observação do comportamento e da constituição física delas.

Citemos um exemplo simples: quando você e um amigo estão tomando sorvete de chocolate, como saber se o sorvete tem para ele o mesmo sabor que tem para você? Você pode provar o sorvete dele, mas, se tiver o mesmo gosto que o seu, isso significará apenas que *para você* o sabor é o mesmo: não quer dizer que experimentou o sabor que tem *para ele*. Ao que parece, não há como comparar diretamente as duas experiências de sabor.

Você pode dizer, é claro, que, sendo ambos seres humanos, com capacidade para distinguir entre diferentes sabores de sorvete – por exemplo, ambos podem perceber a diferença entre chocolate e baunilha de olhos fechados –, é provável, então, que suas experiências de sabor sejam semelhantes. Mas como sabê-*lo*? A única relação que você já observou entre um tipo de sorvete e um certo sabor se deu em você mesmo; assim, o que o leva a pensar que correlações similares são válidas também para os demais seres humanos? Dados os indícios disponíveis, não seria igualmente coerente imaginar que o chocolate tem para o seu amigo o mesmo sabor que a baunilha tem para você, e vice-versa?

A mesma pergunta poderia ser feita com relação a outros tipos de experiência. Como saber que os objetos vermelhos não têm, para o seu amigo, a mesma aparência que os objetos amarelos têm para você? É claro que, se você lhe perguntar qual é a cor de um carro de bombeiro, ele dirá que é vermelho, como o sangue, e não amarelo, como um girassol; mas isso porque ele, assim como você, usa a palavra "vermelho" para se referir à cor que o sangue e os carros de bombeiros têm para ele, *seja ela qual for*. Talvez seja a cor que você chama de amarelo, ou azul, ou talvez uma experiência de cor que você jamais teve e nem sequer pode imaginar.

Para negar isso, você precisará recorrer ao pressuposto de que as experiências de cor e sabor apresentam uma correlação uniforme com certos estímulos físicos dos órgãos dos sentidos, independentemente de quem os experimenta. Mas o cético diria que não há o menor indício de que assim seja, e, devido ao próprio tipo de pressuposto, você *não poderia* ter nenhum indício que o comprovasse. A única coisa que você pode observar é a correlação que se estabelece em você.

Diante de tal argumento, pode-se admitir aqui um certo grau de incerteza. A correlação entre estímulo e experiência pode não ser exatamente igual para cada um: a experiência de cor ou sabor de duas pessoas que provam o mesmo tipo de sorvete pode apresentar ligeiras variações. Na verdade, uma vez que as pessoas são fisicamente diferentes entre si, isso não surpreenderia. Você poderia dizer, contudo, que as diferenças não podem ser assim tão radicais, pois, do contrário, poderíamos percebê-las. Por exemplo, o sorvete de chocolate não poderia ter para o seu amigo o mesmo sabor que um limão tem para você, senão, ao prová-lo, ele franziria a boca.

Note, porém, que essa afirmação pressupõe uma outra correlação para cada pessoa: a correlação entre a experiência interna e certos tipos de reações observáveis. E, nesse caso, surge a mesma questão. Você já observou que, ao provar o sabor que chama de azedo, sua boca se contrai; mas como saber que o mesmo acontece com outras pessoas? Talvez a experiência que faz seu amigo franzir a boca seja semelhante àquela que você tem quando come farinha de aveia.

Se insistirmos nesses tipos de pergunta, passaremos de um ceticismo brando e inofensivo sobre se o sorvete de chocolate tem ou não exatamente o mesmo sabor para você e seu amigo para um ceticismo mais radical sobre se existe ou não *alguma* semelhança entre as suas experiências e as dele. Quando ele põe algo na boca, como você sabe que a experiência que ele tem é do mesmo tipo que você chamaria de *sabor*? Pelo que você sabe, a experiência dele poderia ser algo que você chamaria de som – ou talvez ser diferente de tudo o que você já experimentou ou poderia imaginar.

Se continuarmos nesse caminho, seremos levados, finalmente, ao ceticismo mais radical, que é o ceticismo quanto à existência de outras mentes. Como você sabe que seu amigo é consciente? Como sabe que existem *outras mentes* além da sua?

O único exemplo da correlação entre mente, comportamento, anatomia e ocorrências físicas que você já observou diretamente é você mesmo. Mesmo que as outras pessoas e os animais não tivessem nem uma única experiência, nenhuma vida mental interior, mas fossem apenas máquinas biológicas sofisticadas, ainda assim teriam para você exatamente a mesma aparência. Então, como sabe que eles não são assim? Como sabe que os seres à sua volta não são todos robôs destituídos de mente? Você jamais viu o interior da mente deles – nem poderia –, e o comportamento físico que apresentam poderia ser produzido por causas meramente físicas. Talvez seus parentes e vizinhos, seu gato e seu cachorro não tenham *nenhuma experiência interna*. E, se não têm, você não terá como saber.

Você nem sequer pode recorrer ao modo como se comportam, nem ao que eles dizem, pois isso seria admitir que neles, como em você, o comportamento externo está ligado à experiência interna; e é precisamente isso o que você não sabe.

Considerar a possibilidade de que nenhuma das pessoas que o rodeiam é consciente produz um sentimento estranho. Se, por um lado, parece concebível – e nenhum indício que você possa obter excluiria definitivamente essa hipótese –, por outro, não é *realmente* possível acreditar nisso. Sua convicção de que existem mentes nesses corpos, visão por trás desses olhos, audição nesses ouvidos etc. é instintiva. Mas, se a força de tal convicção provém do instinto, podemos falar em conhecimento real? No momento em que admite a *possibilidade* de que a crença na existência de outras mentes é equivocada, você não precisará de algo mais confiável para justificar sua adesão a ela?

Há um outro aspecto, nessa questão, que toma uma direção totalmente oposta.

Acreditamos, de maneira geral, que os outros seres humanos são conscientes, e quase todos acreditam que os demais mamíferos e os pássaros também são conscientes. Mas as pessoas divergem sobre se os peixes, insetos, vermes e águas-vivas são também conscientes. E a maior parte duvida de que os animais unicelulares, como amebas e paramécios, têm experiências conscientes, embora essas criaturas reajam, de maneira evidente, a vários tipos de estímulos. A maioria das pessoas acredita que as plantas não são conscientes; tampouco as rochas, os lenços de papel, os automóveis, os lagos nas montanhas e os cigarros. Citando ainda um outro exemplo biológico, a maioria de nós diria que as células individuais que compõem nossos corpos não têm nenhuma experiência consciente.

Como sabemos todas essas coisas? Como você sabe que, quando corta o galho de uma árvore, ela não sente dor? Talvez não expresse sua dor porque não pode se mexer. (Ou, talvez, ela *adore* ser podada.) Como sabe que as células musculares do seu coração não sentem dor ou euforia quando você sobe as escadas correndo? Como sabe que um lenço de papel não sente nada quando você assoa o nariz nele?

E os computadores? Imagine que um dia se desenvolvam computadores capazes de controlar robôs com aparência de cachorros, que reagem ao meio ambiente de maneiras complexas e se comportam, em muitos aspectos, exatamente como os cachorros, embora por dentro sejam apenas um monte de circuitos e *chips* de silício. Haveria algum modo de saber se essas máquinas eram ou não conscientes?

É claro que são exemplos muito diferentes uns dos outros. Se uma coisa é incapaz de se mover, ela não pode oferecer nenhum indício de comportamento sobre o que sente ou percebe. E, se não for um organismo natural, terá uma constituição interna totalmente diferente da nossa. Mas que razões temos para pensar que somente as coisas que se comportam mais ou menos como nós, e que têm uma estrutura física observável mais ou menos como a nossa, são capazes de ter *algum* tipo de experiência? Talvez as árvores sintam as coisas de um modo totalmente diferente do nosso, mas não podemos saber, pois, no caso delas, não temos como descobrir as correlações entre experiência e manifestações observáveis, ou condições físicas. Só poderíamos descobrir essas correlações se observássemos ao mesmo tempo as experiências e as manifestações externas, mas não há como observar as experiências diretamente, a não ser em nós mesmos. Pela mesma razão, não seria possível observar a *ausência* de experiência e, consequentemente, a ausência de tais correlações, em nenhum outro caso. Não se pode olhar dentro de uma árvore para dizer que ela *não* tem experiência, da mesma forma que não se pode olhar dentro de um verme para dizer que ele *tem* experiência.

Então, a questão é: o que você realmente sabe sobre a vida consciente neste mundo, além do fato de que você tem uma mente consciente? É possível que haja bem menos vida consciente do que você supõe (nenhuma a não ser a sua), ou bem mais do que poderia imaginar (até mesmo nas coisas que presume serem inconscientes)?

4
O problema mente-corpo

Esqueçamos o ceticismo e admitamos que o mundo físico existe, até mesmo seu corpo e cérebro; e deixemos de lado nosso ceticismo quanto à existência de outras mentes. Admito que você é consciente, se você admitir que eu também sou. Ora, qual pode ser a relação entre a consciência e o cérebro?

Todos sabem que o que acontece na consciência depende do que acontece ao corpo. Se você der uma topada com o dedo do pé, ele irá doer. Se você fechar os olhos, não poderá ver o que há na sua frente. Se morder uma barra de chocolate, sentirá o sabor do chocolate. Se alguém der uma pancada na sua cabeça, você poderá desmaiar.

Ao que tudo indica, para que alguma coisa aconteça em sua mente ou consciência, é preciso que algo aconteça no seu cérebro. (Você não sentiria dor ao bater o dedão se os nervos que correm por sua perna e coluna não transmitissem impulsos do dedo ao cérebro.) Não sabemos o que se passa no cérebro quando você pensa: "Será que vou ter tempo de cortar o cabelo hoje à tarde?" Mas temos certeza de que algo acontece – alguma coisa que envolva alterações químicas e elétricas nos bilhões de células nervosas que compõem o seu cérebro.

Em alguns casos, sabemos de que maneira o cérebro afeta a mente e de que maneira a mente afeta o cérebro. Sabemos, por exemplo, que certas células cerebrais próximas da nuca, quando recebem determinado estímulo, produzem experiências visuais. E sabemos que, quando você decide servir-se de mais um pedaço de bolo, certas outras células cerebrais enviam impulsos aos músculos do seu braço. Desconhecemos muitos dos detalhes, mas é evidente que existem relações complexas entre o que acontece na sua mente e os processos físicos que se desencadeiam no seu cérebro. Até aqui, tudo o que foi dito é assunto da ciência, não da filosofia.

Mas há também uma indagação filosófica sobre a relação entre mente e cérebro, que é a seguinte: a mente é diferente do cérebro, embora esteja vinculada a ele, ou ela *é* o cérebro? Seus pensamentos, sentimentos, percepções, sensações e desejos são coisas que acontecem *além* de todos os processos físicos que ocorrem no seu cérebro, ou são, elas próprias, alguns desses processos físicos?

O que acontece, por exemplo, quando você morde uma barra de chocolate? O chocolate derrete na sua língua e produz alterações químicas nas suas papilas gustativas; as papilas gustativas enviam impulsos elétricos pelos nervos que ligam a língua ao cérebro e, quando esses impulsos chegam ao cérebro, produzem ali mais alterações físicas; e, finalmente, *você sente o gosto do chocolate.* O que é *isso*? *Seria* uma simples ocorrência física em alguns dos seus neurônios, ou será algo completamente diferente?

Se um cientista retirasse a tampa do seu crânio e olhasse o interior do seu cérebro enquanto você come a barra de chocolate, a única coisa que ele veria é uma massa cinzenta de neurônios. Se ele usasse instrumentos para medir o que acontece ali dentro, detectaria vários processos físicos diferentes e complexos. Mas encontraria o sabor do chocolate?

Ao que parece, ele não o encontraria no seu cérebro, porque sua experiência de saborear o chocolate está de tal forma trancada dentro da sua mente, que não pode ser observada por ninguém – mesmo que ele abra seu crânio e examine dentro do seu cérebro. Suas experiências estão no interior da sua mente com um *tipo de interioridade* que é diferente do modo como seu cérebro está no interior da sua cabeça. Uma outra pessoa pode abrir sua cabeça e observar o que há dentro dela, mas não pode abrir sua mente e examiná-la – não dessa forma pelo menos.

Não é só que o gosto do chocolate é um sabor e, portanto, não pode ser visto. Imagine um cientista muito louco que, para tentar observar sua experiência de saborear o chocolate, *lambesse* seu cérebro enquanto você estivesse comendo uma barra de chocolate. Em primeiro lugar, seu cérebro provavelmente não teria para ele o gosto de chocolate. Mas, mesmo que tivesse, ele não teria conseguido entrar na sua mente e observar a *sua* experiência de provar chocolate. A única coisa que ele teria descoberto, de modo bastante bizarro, é que, quando você sente o gosto do chocolate, seu cérebro se altera e passa a ter gosto de chocolate para as outras pessoas. Ele teria a experiência dele do chocolate, e você, a sua.

Se o que acontece na sua experiência está no interior da sua mente de um jeito diferente do que acontece no seu cérebro, parece então que as suas experiências, bem como seus diferentes estados de espírito, não podem ser meros estados físicos do cérebro. Você deve ser algo mais do que um corpo dotado de um buliçoso sistema nervoso.

Uma conclusão possível é que deve haver uma alma ligada ao corpo, de tal forma que ambos possam interagir. Se isso é verdade, então você é constituído de duas coisas muito diferentes: um organismo físico complexo e uma alma puramente mental. (Essa visão é chamada de dualismo, por razões óbvias.)

Muitas pessoas, porém, acham que a crença na alma é ultrapassada e não científica. Tudo o que existe no mundo é feito de matéria física – diferentes combinações dos mesmos elementos químicos. Por que não seria assim conosco também? Mediante um complexo processo físico, nosso corpo se desenvolve a partir da única célula produzida pela união do espermatozoide com o óvulo, no momento da concepção. Aos poucos, matéria comum vai sendo adicionada, de tal forma que a célula se torna um bebê, com braços, pernas, olhos, orelhas e cérebro, capaz de se mover, sentir, ver e, finalmente, falar e pensar. Algumas pessoas acreditam que esse sofisticado sistema físico é suficiente, por si só, para fazer surgir a vida mental. Por que não deveria? Seja como for, como um simples argumento filosófico pode demonstrar que não é assim? Se a filosofia não pode nos dizer do que são feitos as estrelas e os diamantes, como poderá nos dizer do que são feitos ou não são feitos os seres humanos?

A opinião de que as pessoas não passam de matéria física, e que seus estados de espírito são estados físicos cerebrais, é denominada fisicalismo (ou, às vezes, materialismo). Os fisicalistas não têm uma teoria específica sobre qual processo cerebral pode ser identificado com a experiência de saborear chocolate, por exemplo. Mas acreditam que os estados de espírito *são* apenas estados do cérebro, e que não há nenhuma razão filosófica para pensar que não sejam. Os detalhes terão de ser descobertos pela ciência.

A ideia é que podemos descobrir que as experiências são, na verdade, processos cerebrais, tal como descobrimos que outras coisas conhecidas têm uma natureza real que não poderíamos ter adivinhado, até que foi revelada pela investigação científica. Por exemplo, os diamantes são compostos de carbono, o mesmo material do carvão – só que os átomos se combinam de maneira diferente num e noutro. E a água, como sabemos, é formada de hidrogênio e oxigênio, embora nenhum desses elementos, quando isolados, em nada se assemelhe com a água.

Portanto, embora pareça surpreendente que a experiência de saborear chocolate não seja, talvez, mais do que uma complexa ocorrência física no cérebro, isso não seria mais estranho que as muitas coisas que se descobriram sobre a verdadeira natureza de objetos e processos comuns. Os cientistas descobriram o que é a luz, como as plantas crescem, como os músculos se movem – é apenas uma questão de tempo para que descubram a natureza biológica da mente. É nisso que os fisicalistas acreditam.

Um dualista retrucaria que essas outras coisas são diferentes. Quando investigamos a composição química da água, por exemplo, estamos lidando com algo que pertence claramente ao mundo físico – algo que podemos ver e tocar. Quando descobrimos que ela é feita de átomos de hidrogênio e oxigênio, estamos apenas decompondo uma substância física externa em partes físicas menores. Uma característica essencial desse tipo de análise é que *não* se trata de uma decomposição química do modo como *vemos, sentimos* e *saboreamos* a água. Essas coisas acontecem na nossa experiência interna, não na água que foi decomposta em átomos. A análise física ou química da água desconsidera essas experiências.

Para descobrir se a experiência que tivemos do sabor do chocolate foi, de fato, apenas um processo cerebral, teríamos de analisar alguma coisa mental – não uma substância física observável externamente, mas uma sensação de sabor interna – em termos das partes físicas. E, por mais complexas e numerosas que sejam as ocorrências físicas no cérebro, elas não poderiam ser as partes que compõem a sensação do gosto. Um todo físico pode ser analisado em partes físicas menores, mas um processo mental, não. Não é possível somar partes físicas para obter um todo mental.

Há uma outra visão que difere tanto do dualismo quanto do fisicalismo. O dualismo afirma que somos constituídos de um corpo e uma alma, e que nossa vida mental tem lugar em nossa alma. O fisicalismo sustenta que a vida mental consiste em processos físicos que se desenrolam no cérebro. Outra possibilidade, contudo, é a de que a vida mental ocorra no cérebro, ainda que todas essas experiências, sentimentos, pensamentos e desejos não sejam processos *físicos* do cérebro. Isso significaria que a massa cinzenta dos bilhões de células nervosas dentro do seu crânio *não é apenas um objeto físico*. Embora tenha muitas propriedades físicas – uma grande quantidade de atividade química e elétrica –, ali também ocorrem processos *mentais*.

A concepção de que o cérebro é a sede da consciência, mas que seus estados conscientes não são meros estados físicos, é chamada de teoria do aspecto dual. É assim chamada porque, quando você morde uma barra de chocolate, produz-se no seu cérebro um estado ou processo com dois aspectos: um aspecto físico, envolvendo várias alterações químicas e elétricas, e um aspecto mental – a experiência do sabor de chocolate. Quando esse processo ocorre, um cientista, ao examinar seu cérebro, poderá observar o aspecto físico, mas é você, internamente, que passará pelo aspecto mental: você é que vai experimentar a sensação de saborear o chocolate.

Sendo assim, seu cérebro teria um interior que não poderia ser alcançado por um observador externo, mesmo que ele o abrisse ao meio. Esse processo que ocorre no seu cérebro produziria em você um certo tipo de sensação ou gosto.

Poderíamos expressar essa ideia ao dizer que você é apenas corpo, não corpo e alma, mas seu corpo, ou pelo menos seu cérebro, não é somente um sistema físico. É um objeto com aspectos físicos e mentais: pode ser dissecado, mas tem um tipo de interior que a dissecação não pode revelar. Se existe algo dentro que parece saborear o chocolate, é porque existe algo dentro que parece colocar seu cérebro na condição que se produz quando você come chocolate.

Para os fisicalistas, a única coisa que existe é o mundo físico, que pode ser estudado pela ciência: o mundo da realidade objetiva. Por isso, eles precisam encontrar um lugar nesse mundo para alojar os sentimentos, desejos, pensamentos e experiências – um lugar para você e para mim.

Uma das teorias apresentadas em defesa do fisicalismo é a de que a natureza mental de nossos estados de espírito consiste na relação desses estados com as coisas que os causam e com as coisas que eles causam. Por exemplo, quando você machuca o dedo e sente dor, a dor é algo que acontece no seu cérebro. Mas o que a faz ser dor não é apenas a soma das características físicas do cérebro, e tampouco se trata de alguma misteriosa propriedade não física. Ao contrário, a dor é o tipo de estado que se produz no seu cérebro toda vez que você se machuca, e que geralmente o faz gritar e pular e evitar a coisa que o machucou. E esse estado poderia ser puramente físico.

Mas isso não parece ser suficiente para que algo seja doloroso. É certo que as dores são causadas por ferimentos e que elas nos fazem pular e gritar. Mas também são *sentidas* de uma certa maneira, o que parece ser algo diferente de todas as relações que têm com causas e efeitos e de todas as propriedades físicas que possam ter – se é que, de fato, são ocorrências cerebrais. Pessoalmente acredito que esse aspecto interno da dor e de outras experiências conscientes não pode ser adequadamente analisado em termos de nenhum sistema de relações causais com estímulos e comportamentos físicos, por mais complexos que sejam.

Parece haver dois tipos muito distintos de coisas que acontecem no mundo: as coisas que pertencem à realidade física, que muitas pessoas podem observar de fora, e as coisas que pertencem à realidade mental, que cada um de nós experimenta interna e individualmente. E isso é verdade não somente para os seres humanos: cachorros, gatos, cavalos e pássaros parecem ser conscientes, e é provável que também os peixes, as formigas e os besouros. Quem sabe onde isso acaba?

Nossa concepção geral do mundo será insuficiente até que possamos explicar de que modo os elementos físicos, quando combinados da maneira certa, formam não apenas um organismo biológico funcional, mas também um ser consciente. Se a própria consciência pudesse ser identificada com algum tipo de estado físico, estaria aberto o caminho para uma teoria unificada da mente e do corpo e assim, talvez, para uma teoria unificada do universo. Mas as razões contrárias a uma teoria puramente física da consciência são bastante fortes para nos fazer duvidar de que seria possível uma teoria física da realidade total. A ciência física avançou deixando a mente de fora daquilo que tenta explicar, mas pode ser que haja mais sobre o mundo do que a ciência física é capaz de entender.

5

O significado das palavras

Como pode uma palavra – um ruído ou uma série de marcas no papel – *significar* alguma coisa? Algumas palavras, como "sussuro" ou "estrondo", têm um som parecido com aquilo a que se referem, mas, em geral, não existe nenhuma semelhança entre o nome e a coisa que ele nomeia. A relação deve estar em algo totalmente diferente.

Existem muitos tipos de palavras: algumas delas designam pessoas ou coisas, outras denominam qualidades ou atividades, outras se referem a relações entre coisas ou acontecimentos, outras nomeiam números, lugares ou épocas, e outras ainda, como "e" e "de", só têm significado porque contribuem para dar sentido a afirmações ou perguntas maiores, nas quais aparecem como partes. Na verdade, todas as palavras funcionam desta maneira: seu significado está, efetivamente, relacionado com a contribuição que elas dão ao sentido de frases ou enunciados. Usamos as palavras principalmente para falar e escrever, e não apenas como rótulos.

No entanto, tendo entendido isso, vamos investigar como uma palavra pode ter significado. Certas palavras podem ser definidas em termos de outras palavras: "quadrado", por exemplo, significa "figura plana de quatro lados, equilátera e equiângula". A maioria dos termos dessa definição também pode ser definida. Mas as definições não podem ser a base do significado para todas as palavras, do contrário andaríamos eternamente em círculo. Devemos chegar, no final, a certas palavras que têm significado direto.

Tomemos a palavra "tabaco", que talvez pareça um exemplo fácil. Ela se refere a uma espécie de planta cujo nome latino a maioria de nós desconhece, e cujas folhas são usadas para fabricar cigarros e charutos. Todos nós já vimos e cheiramos tabaco, mas a palavra, tal como a usamos, refere-se não apenas às amostras da substância que vimos, ou que está por perto quando usamos a palavra, mas a todos os exemplos de tabaco, quer saibamos, quer não de sua existência. Você talvez tenha aprendido a palavra porque lhe mostraram amostras de tabaco, mas não irá entendê-la se pensar que se trata apenas do nome dessas amostras.

Assim, se disser: "Será que no ano passado fumou-se mais tabaco na China do que no hemisfério ocidental inteiro?", essa pergunta tem um sentido, e também uma resposta, mesmo que você não consiga encontrá-la. Mas o sentido da pergunta, bem como a resposta, depende do fato de que a palavra "tabaco" se refere a todas as amostras da substância que existem no mundo – incluindo, na verdade, épocas passadas e futuras –, a cada cigarro fumado na China no ano passado, a cada charuto fumado em Cuba, e assim por diante. As outras palavras na frase limitam a referência a lugares e épocas específicos, mas a palavra "tabaco" só pode ser usada para fazer tal pergunta porque tem esse enorme, mas especial, alcance, que ultrapassa toda a sua experiência de cada amostra de um certo tipo de substância.

Como a palavra faz isso? Como pode um simples *ruído* ou um *rabisco* ter tal alcance? É evidente que não é por causa do som ou do aspecto. Nem por causa do número relativamente pequeno de amostras de tabaco com que você deparou, e que estavam por perto quando você pronunciou, ouviu ou leu a palavra. Trata-se de alguma outra coisa, algo de caráter geral, que se aplica ao uso que cada pessoa faz da palavra. Você e eu, que nunca nos encontramos e que deparamos com diferentes amostras de tabaco, usamos a palavra com o mesmo significado. Se ambos usamos a palavra para fazer a pergunta sobre a China e o hemisfério ocidental, a pergunta é a mesma, e a resposta é a mesma. Mais do que isso, uma pessoa que fala chinês pode fazer a mesma pergunta, usando a palavra chinesa de mesmo significado. Seja qual for a relação que a palavra "tabaco" tenha com a coisa em si, outras palavras também podem ter.

Isso sugere, de maneira bastante natural, que a relação da palavra "tabaco" com todas essas plantas, cigarros e charutos, no passado, presente e futuro, é indireta. A palavra, tal como você a usa, tem alguma outra coisa por trás dela – um conceito, ideia ou pensamento – que, de algum modo, se estende a todo tabaco do universo. Aqui, porém, surgem novos problemas.

Primeiro, que tipo de coisa é esse intermediário? Está em sua mente, ou é algo fora da sua mente com o qual, de algum modo, você pode fazer uma associação? Parece haver algo com que você, eu e o chinês podemos todos associar, a fim de expressar a mesma coisa com nossas palavras para tabaco. Mas de que maneira, tendo experiências tão distintas da palavra e da planta, conseguimos fazer isso? Não será isso tão difícil de explicar quanto o fato de sermos capazes de nos referir, com os diferentes usos que fazemos da palavra ou das palavras, à mesma enorme e difundida quantidade da *substância*? O problema que temos aqui, de como a palavra pode significar a ideia ou o conceito (seja qual for), não é exatamente igual ao que havia antes, de como a palavra pode significar a planta ou a substância?

E não é só isso. Há também o problema de como essa ideia ou conceito se relaciona com todas as amostras de tabaco real. Que coisa é essa que se relaciona exclusivamente com o tabaco e nada mais? Parece que não fizemos mais que aumentar o problema. Ao tentar explicar a relação entre a palavra "tabaco" e o tabaco interpondo entre ambos a *ideia* ou o *conceito* de tabaco, apenas criamos a necessidade adicional de explicar as relações entre a palavra e a ideia, entre a ideia e a coisa.

Com ou sem o conceito ou a ideia, o problema parece ser o seguinte: o uso que cada pessoa faz de uma palavra envolve sons, marcas e exemplos muito particulares, mas a palavra se aplica a algo universal, que outros falantes particulares também podem expressar por meio dessa palavra ou de outras palavras em outras línguas. Como algo tão particular quanto o ruído que faço ao dizer "tabaco" pode significar algo tão geral que eu possa usá-lo para dizer: "Aposto que daqui a duzentos anos haverá pessoas em Marte fumando tabaco."

Você pode pensar que o elemento universal é fornecido por algo que todos temos em mente quando usamos a palavra. Mas o que é que todos temos em mente? Para pensar: "O tabaco está mais caro este ano", tudo o que preciso ter em mente – conscientemente, pelo menos – é a própria palavra. É claro que, além disso, posso ter em mente algum tipo de imagem quando uso a palavra: talvez a imagem de uma planta, ou de folhas secas, ou do interior de um cigarro. Ainda assim, isso não ajuda a explicar a generalidade do significado da palavra, pois qualquer imagem dessas será uma imagem *particular*. Será a imagem do aspecto ou do cheiro de uma amostra específica de tabaco. E como *isso* poderia abarcar todas as possíveis e reais amostras de tabaco? Além disso, mesmo que você forme uma certa imagem em sua mente ao ouvir ou usar a palavra "tabaco", cada pessoa provavelmente formará uma imagem diferente. Isso, no entanto, não impede que todos usemos a palavra com o mesmo significado.

O mistério do significado é que ele, aparentemente, não se situa em nenhum lugar – nem na palavra, nem na mente, nem em nenhum conceito ou ideia pairando entre a palavra, a mente e as coisas sobre as quais estamos falando. Contudo, usamos a linguagem o tempo todo, e ela nos permite formular pensamentos complicados, que transpõem grandes distâncias no tempo e no espaço. Você pode falar sobre a quantidade de pessoas em Okinawa que têm mais de 1,50 m de altura, ou indagar se há vida em outras galáxias, e os pequenos ruídos que você emite formarão frases que são verdadeiras ou falsas, em virtude de fatos complicados acerca de coisas distantes que você, provavelmente, nunca encontrará diretamente.

Você pode achar que exagerei a questão do alcance universal da linguagem. Na vida cotidiana, a maior parte dos enunciados e pensamentos para os quais utilizamos a linguagem é muito mais localizada e particular. Se eu digo: "Passe o sal", e você me passa o sal, não é necessário aqui nenhum significado universal da palavra "sal", do tipo que se apresenta quando perguntamos: "Em que momento da história da nossa galáxia, a mistura de sódio e cloro deu origem ao sal?" As palavras muitas vezes são usadas simplesmente como ferramentas nas relações entre as pessoas. Num terminal de ônibus, você vê, numa placa, uma pequena figura de saia e uma seta, e sabe que isso indica o caminho para o banheiro feminino. Não será então a linguagem, de maneira geral, apenas um sistema de sinais e respostas desse tipo?

Bem, uma parte dela pode ser que sim, e talvez seja assim que começamos a usar as palavras: "papai", "mamãe", "não", "acabei". Mas não para por aí, e não fica claro de que modo as simples transações que são possíveis usando-se uma ou duas palavras por vez podem nos ajudar a entender o uso da linguagem para descrever, bem ou mal, o mundo que está além dos limites da nossa vizinhança. Na verdade, parece mais provável que o uso da linguagem para propósitos mais amplos nos revele alguma coisa sobre o que acontece quando a utilizamos numa escala menor.

Uma afirmação do tipo "O sal está na mesa" tem o mesmo significado quer seja dita por razões práticas durante o almoço, quer como parte da descrição de uma situação distante no tempo e no espaço, quer como uma descrição hipotética de uma possibilidade imaginária. Significa a mesma coisa quer seja verdadeira ou falsa, quer o falante, ou ouvinte, saiba ou não se é verdadeira ou falsa. Seja o que for que aconteça nas situações práticas e corriqueiras, deve ser algo suficientemente geral também para explicar essas outras situações, bastante diferentes, em que ela tem o mesmo significado.

É importante, sem dúvida, o fato de que a linguagem seja um fenômeno social. Não é algo que cada pessoa inventa para si mesma. Quando, na infância, aprendemos uma linguagem, ingressamos num sistema já existente, no qual milhões de pessoas vêm, há séculos, usando as mesmas palavras para conversar entre si. O uso que faço da palavra "tabaco" não tem significado por si apenas, mas antes como parte do uso muito mais amplo dessa palavra em português. (Mesmo que adotasse um código particular, no qual usasse a palavra "blableblu" para dizer "tabaco", eu o faria definindo "blableblu" para mim mesmo em termos da palavra comum "tabaco".) Ainda temos de explicar como meu uso da palavra extrai seu conteúdo de todos os outros usos, a maioria dos quais desconheço – inserir minhas palavras nesse contexto maior, porém, pode parecer que ajuda a explicar seu significado universal.

Mas isso não resolve o problema. Quando uso a palavra, ela pode ter significado como parte da língua portuguesa, mas de que maneira o uso da palavra por todos os outros falantes da língua lhe dá alcance universal, muito além de todas as situações em que ela é efetivamente usada? O problema da relação da linguagem com o mundo não é tão diferente, quer falemos de uma frase ou de bilhões de frases. O significado de uma palavra contém todos os seus usos possíveis, verdadeiros e falsos, não apenas seus usos efetivos – e estes são apenas uma fração mínima dos usos possíveis.

Somos pequenas criaturas finitas, mas o significado nos permite, com a ajuda de sons ou marcas no papel, entender o mundo inteiro e as muitas coisas que há nele, até mesmo inventar coisas que não existem e que, talvez, nunca venham a existir. O problema é explicar como isso é possível: como alguma coisa que dizemos ou escrevemos – inclusive todas as palavras contidas neste livro – pode significar algo?

6

Livre-arbítrio

Imagine que você está na fila de um restaurante *self-service* e, quando chega ao balcão das sobremesas, hesita entre um pêssego e uma grande fatia de bolo de chocolate com chantili. O bolo parece gostoso, mas você sabe que engorda. Mesmo assim, você o escolhe e come com prazer. No dia seguinte, você se olha no espelho, ou sobe na balança, e pensa: "Eu não devia ter comido aquele bolo de chocolate. Eu poderia ter comido o pêssego."

"Eu poderia ter comido o pêssego." O que significa isso – e é verdade?

Os pêssegos estavam ali quando você entrou na fila do restaurante: você teve a *oportunidade* de pegar um pêssego. Mas não é só isso que você quer dizer. O que você quer dizer é que poderia ter *comido* o pêssego. Poderia ter *feito* algo diferente do que de fato fez. Antes de se decidir, você tinha a possibilidade de pegar a fruta ou o bolo, e foi a sua escolha, unicamente, que decidiu qual dos dois seria.

É isso? Quando você diz: "Eu poderia ter comido o pêssego", está dizendo que só dependia da sua escolha? Você escolheu o bolo de chocolate, e foi isso que você comeu; mas, *se* tivesse escolhido o pêssego, era isso que teria comido.

Mas ainda não parece suficiente. Você não quer dizer apenas que, *se* tivesse escolhido o pêssego, era o que teria comido. Quando diz: "Eu poderia ter comido o pêssego", quer dizer também que *poderia ter escolhido* o pêssego – não há "se" nenhum aqui. Mas o que significa essa afirmação?

Não se pode explicá-la assinalando as outras ocasiões em que você *de fato* escolheu a fruta. E não se pode explicá-la dizendo que, se você tivesse pensado melhor ou se estivesse acompanhado de um amigo que come como um passarinho, *teria* escolhido o pêssego. O que você está dizendo é que poderia ter escolhido o pêssego em vez do bolo de chocolate *naquele exato momento, sendo as coisas como de fato eram.* Você acha que poderia ter escolhido o pêssego mesmo que tudo tivesse sido exatamente igual ao que foi no momento em que, de fato, escolheu o bolo de chocolate. A única diferença é que, em vez de pensar "Só desta vez" e pegar o bolo, você teria pensado "É melhor não" e pegado o pêssego.

Essa é uma ideia de "pode" ou "poderia ter" que aplicamos somente às pessoas (e, talvez, a alguns animais). Quando dizemos: "O carro poderia ter subido até o alto da colina", queremos dizer que o carro tinha potência suficiente para chegar ao topo da colina *se* alguém o tivesse dirigido até lá. E não que, estando um dia estacionado ao pé da colina, o carro simplesmente poderia ter dado a partida e subido até o alto, em vez de continuar parado ali. Alguma outra coisa precisaria ter acontecido antes, como alguém entrar nele e ligar o motor. Mas, quando se trata das pessoas, parecemos acreditar que elas podem fazer várias coisas que de fato não fazem, *exatamente desse jeito*, sem que alguma outra coisa aconteça antes. O que significa isso?

Em parte, pode significar o seguinte: até o momento da escolha, não há nada que determine irrevogavelmente qual será a sua escolha. Permanece *aberta a possibilidade* de que você escolha o pêssego até o momento em que efetivamente escolha o bolo de chocolate. Não se trata de algo predeterminado.

Algumas coisas que acontecem *são* predeterminadas. Por exemplo, parece predeterminado que o Sol nascerá amanhã numa certa hora. Não está aberta a possibilidade de que o Sol não nasça amanhã e de que a noite se prolongue. Tal coisa não é possível, porque só poderia ocorrer se a Terra parasse de girar, ou se o Sol deixasse de existir, e não há nada em nossa galáxia que indique que alguma dessas coisas possa acontecer. A Terra continuará girando a menos que seja detida, e amanhã de manhã sua rotação nos trará de novo para o interior do sistema solar, de frente para o Sol, e não para o lado de fora, longe dele. Se não há possibilidade de que a Terra pare ou de que o Sol deixe de existir, não há possibilidade de que o Sol não nasça amanhã.

Quando diz que poderia ter comido o pêssego em vez do bolo de chocolate, o que você quer dizer, em parte, é que não estava predeterminado o que você faria, tal como *está* predeterminado que o Sol nascerá amanhã. Não havia nenhum processo ou força em ação, antes da sua escolha, que tornasse inevitável que você escolhesse o bolo de chocolate.

Pode ser que não seja tudo, mas parece que, em parte, é isso que você quer dizer. Pois, se estivesse mesmo predeterminado que você escolheria o bolo, como também seria verdade que você poderia ter escolhido a fruta? A verdade é que nada o teria impedido de comer o pêssego se você tivesse escolhido ele em vez do bolo. Mas esses *ses* não são o mesmo que dizer que você poderia ter escolhido o pêssego, e pontofinal. Só poderia tê-lo escolhido se a possibilidade permanecesse aberta até o momento em que você a fechasse de vez ao escolher o bolo.

Algumas pessoas acham que nunca é possível fazer diferente do que na verdade fazemos, nesse sentido absoluto. Reconhecem que dependemos de fato de nossas escolhas, decisões e vontades, e que fazemos diferentes escolhas em diferentes circunstâncias: não somos como a Terra, girando em torno do seu próprio eixo com uma regularidade monótona. Mas afirmam que, em cada situação, as circunstâncias que se apresentam antes de agirmos determinam nossas ações, tornando-as inevitáveis. A soma total das experiências, dos desejos e do conhecimento de uma pessoa, sua constituição hereditária, as circunstâncias sociais e a natureza da escolha que ela tem diante de si, juntamente com outros fatores que talvez desconheçamos, combinam-se para tornar inevitável uma ação particular nessas circunstâncias.

Essa visão chama-se determinismo. A ideia não é que podemos conhecer todas as leis do universo e usá-las para *prever* o que irá acontecer. Em primeiro lugar, não podemos conhecer todas as complexas circunstâncias que influenciam uma escolha humana. Em segundo, mesmo quando aprendemos alguma coisa sobre as circunstâncias, e tentamos fazer uma previsão, isso por si só é uma *mudança* nas circunstâncias, que pode alterar o resultado previsto. Mas a questão não é a previsibilidade. A hipótese aqui é a de que *existem* leis naturais, como as que governam o movimento dos planetas, que governam tudo o que acontece no mundo – e, de acordo com essas leis, as circunstâncias que antecedem uma ação determinam o que irá ocorrer e excluem qualquer outra possibilidade.

Se isso for verdade, então, mesmo enquanto você decide que sobremesa irá escolher, já estará determinado, pelos inúmeros fatores que atuam sobre e dentro de você, que sua escolha será o bolo de chocolate. Você *não poderia* ter escolhido o pêssego, mesmo que assim pensasse: o processo de decisão é apenas a efetivação do resultado já determinado na sua mente.

Se o determinismo se aplica a tudo o que acontece, já estava determinado, antes de você nascer, que sua escolha seria o bolo. Sua escolha foi determinada pela situação imediatamente anterior, e *essa* situação, por sua vez, foi determinada pela situação anterior a *ela*, e assim sucessivamente até onde você queira recuar no tempo.

Ainda que o determinismo não se aplique a todas as coisas que ocorrem – mesmo que alguns acontecimentos não sejam determinados por causas que já existiam de antemão –, seria de qualquer modo muito significativo se tudo que *fizéssemos* já estivesse determinado antes de o fazermos. Por mais livre que você possa se sentir ao escolher entre a fruta e o bolo, ou entre dois candidatos numa eleição, você na verdade só poderia fazer uma escolha nessas circunstâncias – mesmo que, se as circunstâncias ou seus desejos fossem outros, você tivesse escolhido diferente.

Se acreditasse nisso acerca de si mesmo e das outras pessoas, o modo como você se sente a respeito das coisas provavelmente mudaria. Por exemplo, você se culparia por cair em tentação e comer o bolo? Faria algum sentido dizer: "Eu deveria mesmo ter comido o pêssego em vez do bolo", se você *não pudesse* ter escolhido o pêssego? Com certeza não faria nenhum sentido dizer tal coisa se não *houvesse* fruta alguma. Assim, como poderia fazer sentido se *houvesse* fruta mas você não pudesse optar por ela, porque estava determinado, de antemão, que você escolheria o bolo?

Isso parece ter sérias consequências. Além de não poder culpar-se por comer o bolo, você provavelmente não poderia culpar pessoa alguma por fazer algo mau, nem elogiá-la por fazer algo bom. Se já estava determinado que ela assim o faria, era inevitável: ela não poderia agir de outra forma, dadas as circunstâncias em que se encontrava. Então, como considerá-la responsável?

Você provavelmente ficaria furioso se convidasse alguém para uma festa na sua casa, e ele roubasse todos os seus discos do Glenn Gould. Suponha, porém, que você acredite que a ação dele foi predeterminada por sua natureza e pela situação. Suponha que você acredite que tudo o que ele fez, incluindo as ações anteriores que contribuíram para a formação do seu caráter, estava predeterminado por circunstâncias prévias. Você poderia responsabilizá-lo por um comportamento tão degradante? Ou seria mais sensato considerá-lo uma espécie de desastre natural – como se seus discos tivessem sido comidos por cupins?

As pessoas divergem sobre esse assunto. Algumas pensam que, se o determinismo é verdadeiro, então não faz sentido elogiar nem culpar alguém por coisa alguma, da mesma forma que não faz sentido culpar nem elogiar a chuva por cair. Outros acham que faz sentido elogiar as boas ações e condenar as más, ainda que sejam inevitáveis. Afinal, o fato de alguém estar predeterminado a agir mal não significa que ele *não* agiu mal. Se ele rouba seus discos, essa atitude revela falta de consideração e desonestidade, quer seja determinada, quer não. Além disso, se não o culparmos, ou talvez até se não o punirmos, ele provavelmente fará de novo.

Por outro lado, se pensamos que a ação dele estava predeterminada, então puni-lo seria semelhante a punir um cachorro por roer o tapete. Não significa que não o consideramos responsável pelo que fez: estamos apenas tentando influenciar seu comportamento futuro. Pessoalmente, não creio que faça sentido culpar alguém por fazer uma coisa que era impossível para ele deixar de fazer. (Embora, é claro, do ponto de vista do determinismo, já estivesse determinado que eu pensaria dessa forma.)

Esses são os problemas que teremos de enfrentar, caso o determinismo seja verdadeiro. Mas talvez não o seja. Muitos cientistas acreditam hoje que ele não se aplica às partículas básicas da matéria – que, numa dada situação, há mais de uma coisa que um elétron pode fazer. Se o determinismo também não se aplica às ações humanas, talvez então haja espaço para o livre-arbítrio e para a responsabilidade. E se as ações humanas, ou pelo menos algumas delas, não são predeterminadas? E se, até o momento da sua escolha, estiver aberta a possibilidade de você escolher o bolo de chocolate ou o pêssego? Nesse caso, no que diz respeito ao que aconteceu anteriormente, você *poderia* escolher qualquer um deles. Mesmo que escolha o bolo, você poderia ter escolhido o pêssego.

Mas, ainda que seja assim, dá para falar em livre-arbítrio? É só isso que você quer dizer com: "Eu poderia ter escolhido a fruta em vez do bolo" – que a escolha não estava predeterminada? Não, você acredita em algo mais. Acredita que *você* determinou o que faria ao *fazer*. Não estava predeterminado, mas não é, tampouco, que *simplesmente aconteceu*. *Você o fez*, e poderia ter feito o contrário. Mas qual o significado disso?

É uma questão engraçada. Todos sabemos o que significa *fazer* algo. O problema é que, se o ato não está predeterminado, por nossos desejos, crenças e personalidade, entre outras coisas, a impressão que se tem é que ele simplesmente aconteceu, sem nenhuma explicação. E, nesse caso, como foi o *seu fazer*?

Uma resposta possível seria a de que não há resposta para essa pergunta. A ação livre é uma característica básica deste mundo e não pode ser analisada. Existe uma diferença entre algo que simplesmente acontece, sem nenhuma causa, e uma ação que é *feita* sem nenhuma causa. É uma diferença que todos nós entendemos, mesmo que não possamos explicá-la.

Algumas pessoas deixariam por isso mesmo. Outras, porém, acham suspeito que tenhamos de apelar a essa ideia inexplicada para explicar em que sentido você poderia ter escolhido a fruta em vez do bolo. Até aqui, parecia que o determinismo era a grande ameaça à responsabilidade. Agora, no entanto, parece que, mesmo que nossas escolhas não sejam predeterminadas, ainda assim é difícil entender de que modo podemos *fazer* aquilo que não fazemos. Qualquer uma das duas escolhas pode ser possível de antemão, mas, a menos que eu determine qual delas vai ocorrer, minha responsabilidade não é maior do que seria se a escolha fosse determinada por causas que estão fora do meu controle. E como posso *eu* determiná-la se *nada* a determina?

Isso levanta a alarmante possibilidade de que, seja o determinismo verdadeiro *ou* falso, não somos responsáveis por nossas ações. Se o determinismo é verdadeiro, as circunstâncias anteriores são as responsáveis. Se o determinismo é falso, nada é responsável. Seria, sem dúvida, um beco sem saída.

Há uma outra hipótese possível, completamente oposta à maior parte do que falamos até agora. Algumas pessoas acham que a responsabilidade por nossas ações *requer* que nossas ações sejam determinadas. Para que uma ação seja algo que você fez, dizem elas, precisa ser resultado de certas causas presentes em você. Por exemplo, quando você escolheu o bolo de chocolate, você fez algo, e não é que algo simplesmente aconteceu; pois você queria mais o bolo de chocolate do que o pêssego. Como a sua vontade de comer chocolate era mais intensa, naquele momento, do que seu desejo de evitar um aumento de peso, ela resultou na sua escolha pelo bolo. Em outros exemplos de ação, a explicação psicológica será mais complexa, mas sempre haverá uma – do contrário, a ação não seria sua. Essa explicação parece significar, ao fim e ao cabo, que o que você fez estava predeterminado. Se não estava determinado por coisa alguma, foi apenas um acontecimento inexplicado, algo que surgiu do nada, em vez de algo que você fez.

De acordo com essa opinião, a determinação causal, por si mesma, não é uma ameaça à liberdade – somente um certo *tipo* de causa a ameaça. Se você pegou o bolo porque alguém o obrigou, então não foi uma escolha livre. Mas uma ação livre requer que não haja nenhuma causa determinante: significa que a causa tem de ser de um tipo psicológico conhecido.

Pessoalmente, não aceito essa solução. Se pensasse que tudo o que fiz foi determinado pelas minhas circunstâncias e pela minha condição psicológica, eu me sentiria encurralado. E, se pensasse a mesma coisa sobre todas as outras pessoas, sentiria que não somos mais do que um bando de marionetes. Não faria sentido considerá-las responsáveis por suas ações, da mesma forma que não se pode responsabilizar um gato, um cachorro ou mesmo um elevador.

Por outro lado, me parece difícil entender de que maneira a responsabilidade por nossas escolhas faria sentido, se *não* estão determinadas. Não é claro para mim o que significa dizer que *eu* determino a escolha, se nada em mim a determina. Assim, a sensação de que você poderia ter escolhido o pêssego em vez do pedaço de bolo talvez seja uma ilusão filosófica, e não poderia ser correta em caso algum.

Para evitar essa conclusão, você teria de explicar (a) o que *quer dizer* quando diz que poderia ter feito outra coisa em vez daquilo que fez, e (b) como você e o mundo teriam de ser para que isso fosse verdade.

7

Certo e errado

Imagine que você trabalha numa biblioteca, verificando os livros que as pessoas levam ao sair, e um amigo lhe pede que o deixe levar às escondidas uma obra de referência muito difícil de encontrar, que ele deseja ter para si.

Você pode hesitar em concordar por várias razões. Talvez tenha medo de que ele seja pego e que ambos, você e ele, se metam em encrenca. Talvez queira que o livro continue na biblioteca para que você mesmo possa consultá-lo quando desejar.

Mas pode ser também que, na sua opinião, o que ele propõe está errado – que ele não deveria fazer isso e você não deveria ajudá-lo. Se é assim que você pensa, o que isso significa e por que seria verdade, se é que seria?

Dizer que está errado não é apenas dizer que contraria as regras. Podem existir regras ruins que proíbam coisas que não são erradas – como uma lei contra criticar o governo. Uma regra pode ser ruim porque exige algo que *é* errado – como uma lei que exige a segregação racial em hotéis e restaurantes. As ideias de certo e errado diferem das ideias sobre o que é e não é contrário às regras. Senão não poderiam ser usadas para avaliar as regras nem as ações.

Se você acha que seria errado ajudar seu amigo a roubar o livro, então não se sentirá à vontade para fazer isso: de algum modo, você não vai querer fazê-lo, mesmo que também relute em recusar-se a ajudar um amigo. De onde vem o desejo de não querer fazer; qual é o motivo, a razão que está por trás dele?

Há muitos aspectos nos quais uma coisa pode estar errada. Nesse caso, porém, se você tivesse de explicar o motivo, provavelmente diria que seria injusto com os outros usuários da biblioteca, que podem ter tanto interesse no livro quanto seu amigo, mas que o leem na sala de consulta, onde qualquer um pode encontrá-lo, se necessitar. Você pode sentir também que deixá-lo levar o livro seria uma traição aos seus patrões, que lhe pagam justamente para impedir esse tipo de coisa.

Esses pensamentos têm a ver com os efeitos que tal ação pode ter sobre os outros – não necessariamente com os efeitos sobre os sentimentos deles, já que talvez nunca venham a descobrir o roubo, mas com algum tipo de dano, seja como for. Em geral, a ideia de que uma coisa é errada depende do impacto que ela tem não apenas sobre aqueles que a praticam, mas também sobre outras pessoas. Elas não gostariam e, se descobrissem, fariam objeções.

Suponha, contudo, que você tente explicar tudo isso ao seu amigo e ele diga: "Sei que o chefe da biblioteca não gostaria disso se descobrisse, e é provável que alguns dos outros usuários fiquem chateados ao perceber que o livro desapareceu, mas e daí? Eu quero o livro; por que deveria me importar com eles?"

O argumento de que seria errado deveria servir de razão para que ele não agisse assim. Mas, se alguém simplesmente não liga para as outras pessoas, que razão teria para coibir-se de fazer qualquer uma das coisas que normalmente se consideram erradas, se pode escapar impune? Que razão teria para não matar, não roubar, não mentir, não ferir os outros? Se ele pode obter o que deseja fazendo tais coisas, por que não deveria? E, se não há nenhuma razão pela qual não deveria, em que sentido está errado?

É claro que a maioria das pessoas se importa, em certa medida, com as demais. Mas, se alguém não se preocupa, não concluiríamos por isso que ele está isento da moral. Uma pessoa que mata outra apenas para roubar-lhe a carteira, sem se importar com a vítima, não está automaticamente justificada. O fato de ela não se importar não legitima sua ação: ela *deveria* se importar. Mas *por que* deveria se importar?

Tem havido muitas tentativas de responder a essa pergunta. Um tipo de resposta tenta identificar alguma outra coisa com que a pessoa já se preocupa, para então relacionar a moral com isso.

Por exemplo, algumas pessoas acreditam que, mesmo que você possa escapar impune de crimes horríveis que praticou na Terra, e que não são punidos pela lei ou pelos homens, tais atos são proibidos por Deus, que irá castigá-lo depois da morte (e recompensá-lo se você não fez nada errado quando se sentiu tentado a fazer). Assim, ainda que pareça ser do seu interesse fazer certas coisas, na verdade não é. Algumas pessoas chegam mesmo a acreditar que, sem Deus para sustentar as exigências morais com a ameaça de punição e a promessa de recompensa, a moral é uma ilusão: "Se Deus não existe, tudo é permitido."

Trata-se de uma versão bastante rudimentar dos fundamentos religiosos da moral. Numa versão mais atraente, o motivo para obedecer aos mandamentos de Deus seria não o medo, mas o amor. Ele o ama, e você deve amá-Lo e de bom grado obedecer aos Seus mandamentos, para não ofendê-lo.

Mas, independentemente do modo como interpretamos os motivos religiosos, existem três objeções a esse tipo de resposta. Primeiro, há muita gente que não acredita em Deus e, mesmo assim, emite juízos do que é certo e errado, e acha que ninguém deveria matar por uma carteira mesmo que tivesse certeza de que poderia escapar ileso. Segundo, se Deus existe e proíbe o que é errado, não é sua proibição que o *torna* errado. O assassinato é errado por si mesmo, e *por isso* Deus o proíbe (se é que o proíbe). Deus não poderia tornar nenhuma coisa errada pelo simples ato de proibi-la. Se Ele o proibisse, por exemplo, de calçar a meia esquerda antes da direita, e o punisse por não agir assim, seria desaconselhável fazê-lo, mas não seria errado. Terceiro, o medo do castigo e a esperança de recompensa, e mesmo o amor de Deus, parecem não ser os motivos certos para a moral. Se você pensa que é errado matar, enganar ou roubar, deveria querer evitar tais coisas porque são coisas prejudiciais às vítimas, e não por temer as consequências que podem trazer a você, ou por não querer ofender ao seu Criador.

Essa terceira objeção também se aplica a outras explicações da força da moral que apelam aos interesses da pessoa que deve agir. Por exemplo, pode-se dizer que você deve tratar os outros com consideração, para que eles o tratem da mesma maneira. Esse pode ser um bom conselho, mas só é válido na medida em que você acredita que suas ações irão afetar o modo como as outras pessoas o tratam. Não é uma razão para fazer o que é certo se os outros não vão saber, ou contra fazer o que é errado se você pode escapar impune (como atropelar alguém e fugir).

Não há substituto para a preocupação direta com outras pessoas como fundamento da moral. Mas a moral deveria aplicar-se a todos: podemos supor que todos têm tal preocupação com os outros? É óbvio que não: algumas pessoas são muito egoístas, e mesmo as que não são egoístas podem importar-se apenas com as pessoas que conhecem, não com todo o mundo. Assim, onde encontrar uma razão para que ninguém prejudique os outros, mesmo aqueles que não conhece?

Bem, há um argumento geral contra prejudicar outras pessoas, que pode servir a qualquer um que entenda nossa língua (ou outra língua qualquer), e que parece mostrar que existe *alguma* razão para se importar com os outros, mesmo que, no fim, os motivos egoístas sejam tão fortes que se continue a tratar mal as outras pessoas. Tenho certeza de que você já ouviu falar desse argumento; diz o seguinte: "Você gostaria que alguém fizesse o mesmo com você?"

Não é fácil explicar como esse argumento deveria funcionar. Suponha que você esteja prestes a roubar o guarda-chuva de alguém ao sair de um restaurante, num dia de tempestade, e uma pessoa por perto lhe diz: "Você gostaria que fizessem o mesmo com você?" Por que essa pergunta deveria fazê-lo hesitar ou sentir-se culpado?

Parece claro que a resposta direta a essa pergunta seria: "Não gostaria nem um pouco!" Mas qual é o próximo passo? Suponha que você dissesse: "Não gostaria que fizessem isso comigo. Mas, por sorte, ninguém *está* fazendo isso comigo. Sou eu que estou fazendo isso com outra pessoa, e não ligo a mínima!"

Essa resposta foge ao sentido da pergunta. Quando lhe perguntam se gostaria que fizessem o mesmo com você, espera-se que você pense em todos os sentimentos que teria se alguém roubasse seu guarda-chuva. E isso inclui mais do que apenas "não gostar disso" – no sentido em que você não "gostaria" se batesse o dedo do pé numa pedra. Se alguém roubasse seu guarda-chuva, você ficaria *indignado*. Teria sentimentos sobre o ladrão do guarda-chuva, e não apenas sobre a perda do guarda-chuva. Pensaria: "Onde ele se meteu com meu guarda-chuva, que me custou tanto comprar, e que tive a precaução de trazer depois de me informar sobre a previsão do tempo? Por que ele não trouxe o próprio guarda-chuva?", e assim por diante.

Quando nossos interesses são ameaçados pelo comportamento de pessoas sem consideração, a maioria de nós facilmente passa a desejar que essas pessoas tenham uma razão para ter mais consideração. Quando você é prejudicado, sente, provavelmente, que os outros deveriam se importar: não pensa que não é da conta deles e que eles não têm nenhuma razão para evitar prejudicá-lo. É esse sentimento que o argumento: "Você gostaria que lhe fizessem o mesmo?", deveria despertar.

Porque, ao admitir que ficaria *indignado* se alguém fizesse a você o mesmo que está fazendo a ele, você admite pensar que ele teria uma razão para deixar de fazê-lo. E, se admite isso, você tem de considerar qual é essa razão. Não poderia ser simplesmente que, de todas as pessoas do mundo, é a *você* que ele está prejudicando. Não há nenhuma razão especial para que ele não roube o *seu* guarda-chuva e roube o dos outros. Você não é assim tão especial. Seja qual for a razão, é a mesma que ele teria para não prejudicar nenhuma outra pessoa dessa maneira. E é a razão que todos teriam também, numa situação semelhante, para não prejudicar você nem ninguém.

Mas, se é a razão que cada pessoa teria para não prejudicar ninguém, então é a razão que *você* tem para não prejudicar ninguém (já que *cada pessoa* significa *todas as pessoas*). Portanto, é uma razão para não roubar o guarda-chuva de outra pessoa agora.

É uma questão de simples coerência. Ao admitir que outra pessoa teria uma razão para não prejudicá-lo em circunstâncias semelhantes e ao admitir que a razão que ela teria é muito geral e não se aplica somente a você, ou a ela, então, por uma questão de coerência, você tem de admitir que a mesma razão se aplica a você agora. Você não deveria roubar o guarda-chuva, e deveria sentir-se culpado se o fizesse.

Alguém poderia esquivar-se desse argumento se, quando lhe perguntassem: "Você gostaria que fizessem o mesmo a você?", ele respondesse: "Não ficaria nem um pouco indignado. Não *gostaria* que alguém roubasse meu guarda-chuva num dia de tempestade, mas não pensaria que existe uma razão para que ele levasse em conta meus sentimentos sobre isso." Quantas pessoas, contudo, poderiam honestamente dar essa resposta? Acho que a maior parte das pessoas, a menos que sejam loucas, pensaria que seus interesses e os danos que possam sofrer dizem respeito a todos, não apenas a si mesmas – o que dá aos outros uma razão para se importarem com eles também. Quando sofremos, achamos que é mau não apenas *para nós*, mas que é *mau, e ponto*.

A base da moral é a crença de que o benefício e o prejuízo causados a pessoas particulares (ou animais) são bom ou mau não apenas do ponto de vista delas, mas de um ponto de vista mais geral, que pode ser compreendido por qualquer um que pense. Isso significa que cada pessoa tem um motivo para levar em conta não apenas seus próprios interesses, mas os interesses dos outros também, ao decidir o que fazer. E não basta que ela tenha consideração por algumas pessoas apenas – família e amigos, com os quais tem uma atenção especial. É claro que cada um se preocupará mais com certas pessoas e consigo mesmo. Mas existe uma razão para que ela considere a influência de suas ações sobre o benefício ou prejuízo de todos. Se ela for como a maioria de nós, é assim que pensará que os outros devem agir com ela, mesmo que não sejam seus amigos.

* * * *

Mesmo que isso esteja certo, não passa de um mero esboço da fonte da moral. Não nos diz, em detalhes, como devemos considerar os interesses dos outros, ou que peso dar a eles em relação ao interesse especial que temos por nós mesmos e por certas pessoas que nos são próximas. Nem mesmo nos diz quanto devemos nos preocupar com pessoas de outros países em comparação com nossos concidadãos. As pessoas que aceitam a moral, de modo geral, divergem muito acerca do que é particularmente certo e errado.

Por exemplo: você deveria preocupar-se com cada pessoa da mesma forma que se preocupa consigo mesmo? Em outras palavras, deveria amar o seu próximo como a si mesmo (mesmo que não esteja próximo de você)? Deveria perguntar-se, toda vez que vai ao cinema, se o preço do ingresso propiciaria mais felicidade se você o desse a alguma outra pessoa, ou se o doasse para ajudar a combater a fome?

Pouquíssimas pessoas são tão altruístas. E, se alguém fosse assim tão imparcial entre si próprio e os outros, provavelmente sentiria também que deveria ser igualmente imparcial *entre* as outras pessoas. Isso excluiria preocupar-se mais com amigos e parentes do que com estranhos. Ele poderia nutrir sentimentos especiais por certas pessoas próximas, mas a imparcialidade total significaria que não iria *favorecê-las* – se, por exemplo, tivesse de escolher entre ajudar um amigo ou um estranho em dificuldades, ou entre levar os filhos ao cinema e doar o dinheiro para ajudar no combate à fome.

Parece exagero exigir das pessoas esse nível de imparcialidade. Alguém assim seria um tipo assustador de santo. Mas saber quão imparciais deveríamos ser é uma questão importante no pensamento moral. Você é uma pessoa em particular, mas também é capaz de reconhecer que é apenas uma pessoa entre muitas outras e, olhando de fora, não mais importante do que elas. Até que ponto essa forma de ver as coisas deveria influenciá-lo? Olhando de fora, você realmente tem alguma importância – do contrário, não pensaria que as outras pessoas têm razão para se preocupar com o que fazem a você. Mas, visto de fora, você não tem tanta importância quanto tem para si mesmo, visto de dentro – já que de fora você não é mais importante do que ninguém.

Se não é claro até que ponto deveríamos ser imparciais, também não é claro qual seria a resposta correta para essa pergunta. Existe um único modo correto pelo qual cada pessoa possa equilibrar aquilo com que se preocupa pessoalmente e aquilo que importa imparcialmente? Ou a resposta varia de uma pessoa para outra, de acordo com a força de seus diferentes motivos?

Isso nos leva a outra grande questão: Certo e errado significam a mesma coisa para todo o mundo?

Considera-se, geralmente, que a moral é universal. Se algo é errado, supõe-se que seja errado para todos; por exemplo, se é errado matar alguém para roubar-lhe a carteira, então é errado mesmo que o ladrão se preocupe com a vítima ou não. Mas, se o fato de algo ser errado deveria ser uma razão para não fazê-lo e se suas razões para fazer as coisas dependem de seus motivos, e os motivos das pessoas podem variar muito, parece então que não haverá um único certo e errado para todo o mundo. Não haverá um único certo e errado porque, se os motivos básicos das pessoas diferem, não haverá nenhum padrão básico de comportamento que todos encontrem razão para seguir.

Existem três formas de lidar com esse problema, nenhuma delas muito satisfatória.

Primeiro, poderíamos dizer que as mesmas coisas *são* certas e erradas para todos, mas nem todos têm uma razão para fazer o que é certo e evitar o que é errado. Somente as pessoas com o tipo certo de motivos "morais" – em particular, a preocupação com os outros – têm alguma razão para fazer o que é certo pelo fato de ser certo. Isso torna a moral universal, mas à custa de drenar-lhe a força. Não está claro o que significa dizer que seria errado alguém cometer assassinato, mas que ele não tem nenhuma razão para não o cometer.

Segundo, poderíamos dizer que todos têm uma razão para fazer o que é certo e evitar o que é errado, mas essas razões não dependem das motivações reais das pessoas. São, na verdade, razões para mudar nossas motivações, se não são corretas. Isso vincula a moral com as razões para agir, mas não esclarece o que são essas razões universais que não dependem das motivações que as pessoas de fato têm. O que significa dizer que um assassino tinha uma razão para não matar, embora nenhum de seus desejos ou motivações reais tenha lhe dado tal razão?

Terceiro, poderíamos dizer que a moral não é universal, e que o que moralmente se exige de uma pessoa só é válido na medida em que ela tenha certo tipo de razão para fazê-lo, e a razão aqui depende do quanto ela efetivamente se importa com as outras pessoas em geral. Se ela tem fortes motivações morais, estas produzirão fortes razões e fortes requisitos morais. Se suas motivações morais são fracas ou inexistentes, os requisitos morais sobre ela serão igualmente fracos ou inexistentes. Isso talvez pareça realista, do ponto de vista psicológico, mas se opõe à ideia de que as mesmas regras morais se aplicam a todos nós, e não apenas às pessoas boas.

A questão sobre os requisitos morais serem ou não universais vem à baila não somente quando comparamos as motivações de diferentes indivíduos, mas também quando comparamos os padrões morais aceitos em diferentes sociedades, em diferentes épocas. Muitas coisas que você provavelmente considera erradas foram aceitas como moralmente corretas por grandes grupos de pessoas no passado: escravidão, servidão, sacrifício humano, segregação racial, negação de liberdade política e religiosa, sistemas de castas hereditárias. E, provavelmente, algumas coisas que hoje você julga serem certas serão consideradas erradas pelas sociedades futuras. É sensato acreditar que existe alguma verdade única sobre tudo isso, embora não tenhamos certeza do que seja essa verdade? Ou é mais razoável acreditar que certo e errado são relativos a uma época, lugar e contexto social específicos?

Existe um sentido no qual certo e errado são obviamente relativos às circunstâncias. De modo geral, é certo devolver ao dono uma faca que você tomou emprestada, se ele a pedir de volta. Mas se ele, nesse meio-tempo, ficou louco e quer a faca para com ela matar alguém, então você não deveria devolvê-la. Não é desse tipo de relatividade que estou falando, pois não significa que a moral é relativa no nível básico. Significa apenas que os mesmos princípios morais básicos exigirão diferentes ações em diferentes circunstâncias.

O tipo mais profundo de relatividade, no qual algumas pessoas acreditam, significaria que a maioria dos padrões básicos de certo e errado – tais como as situações em que é e não é certo matar, ou os sacrifícios que você deve fazer pelos outros – depende inteiramente dos padrões aceitos, de modo geral, pela sociedade em que você vive.

Acho muito difícil acreditar nisso, principalmente porque sempre parece possível criticar os padrões aceitos em nossa sociedade e dizer que são moralmente equivocados. Mas, para fazer isso, você deve recorrer a algum padrão mais objetivo, a uma ideia do que é *realmente* certo e errado, em oposição ao que pensa a maioria das pessoas. É difícil dizer o que é isso, mas é uma ideia que a maior parte de nós entende, se não somos servos obedientes do que a comunidade diz.

Existem muitos problemas filosóficos com relação ao conteúdo da moral – como deveria manifestar-se a preocupação ou o respeito moral pelos outros; se deveríamos ajudá-los a obter o que desejam ou, simplesmente, abster-nos de prejudicá-los ou atrapalhá-los; até que ponto e como ser imparciais. Deixei de lado a maioria dessas questões porque a minha preocupação aqui é com os fundamentos da moral em geral – até que ponto ela é universal e objetiva.

Eu deveria responder a uma possível objeção à ideia da moral como um todo. Você provavelmente já ouviu falar que a única razão que leva alguém a fazer alguma coisa é o fato de sentir-se bem ao fazê-la, ou de sentir-se mal por não fazê-la. Se fôssemos de fato motivados apenas por nosso conforto, seria inútil para a moral tentar apelar à preocupação com os outros. Segundo esse ponto de vista, mesmo a conduta aparentemente moral, na qual uma pessoa parece sacrificar seus próprios interesses em benefício de outras, é na verdade motivada por sua preocupação consigo mesma: ela deseja evitar a culpa que sentirá se não fizer a coisa "certa", ou experimentar o cálido fulgor da autocongratulação que obterá se fizer. Mas aqueles que não têm esses sentimentos não têm motivos para ser "morais".

Ora, é verdade que, quando as pessoas fazem o que acham que devem fazer, com frequência sentem-se bem com isso. De modo semelhante, quando fazem o que consideram ser errado, sentem-se mal. Mas isso não significa que esses sentimentos sejam seus motivos para agir. Em muitos casos, os sentimentos resultam de motivos que também produzem a ação. Você não se sentiria bem em fazer o que é certo, a menos que pensasse haver alguma outra razão para agir assim, além do fato de que tal ação o faria sentir-se bem. E não se sentiria culpado em fazer algo errado, a menos que pensasse haver alguma outra razão para não agir dessa maneira, além do fato de isso fazê-lo sentir-se culpado: alguma coisa que o fizesse sentir culpa *com razão*. Pelo menos, é assim que as coisas deveriam ser. É verdade que algumas pessoas sentem uma culpa irracional a respeito de coisas que não têm nenhuma razão para pensar que são erradas – mas não é assim que a moral deveria funcionar.

Num certo sentido, as pessoas querem fazer o que fazem. Mas suas razões e seus motivos para querer fazer as coisas variam imensamente. Posso "querer" dar minha carteira a alguém só porque ele tem uma arma apontada para minha cabeça e ameaça me matar se eu me recusar. E posso querer pular num rio gelado para salvar um estranho que está se afogando não porque isso me fará sentir bem, mas apenas porque reconheço que a vida dele é importante, assim como minha, e reconheço que tenho uma razão para salvar sua vida, da mesma forma que ele teria uma razão para salvar a minha se estivéssemos na situação oposta.

O argumento moral tenta apelar para uma capacidade de motivação imparcial que se supõe existir em todos nós. Infelizmente, ela pode estar profundamente enterrada e, em alguns casos, pode simplesmente não existir. Em todo caso, precisa competir com poderosos motivos egoístas, e com outros motivos pessoais que talvez não sejam tão egoístas, em sua luta para controlar nosso comportamento. A dificuldade de justificar a moral não está em haver apenas um motivo humano, mas em haver muitos.

8
Justiça

É injusto que algumas pessoas nasçam ricas e outras pobres? Se é injusto, deveríamos fazer alguma coisa quanto a isso?

O mundo está repleto de desigualdades – dentro dos países e entre os países. Algumas crianças nascem em lares prósperos e cheios de conforto, crescem bem alimentadas e recebem boa educação. Outras nascem pobres, não têm o suficiente para comer e nunca têm acesso a boa educação ou assistência médica. Evidentemente, é uma questão de sorte: não somos responsáveis por nascer numa certa classe social ou econômica ou num certo país. A questão é: até que ponto são ruins as desigualdades que não são culpa das pessoas afetadas por elas? Deveriam os governos usar seu poder para tentar reduzir esse tipo de desigualdade, que não é responsabilidade das vítimas?

Algumas desigualdades são deliberadamente impostas. A discriminação racial, por exemplo, deliberadamente exclui pessoas de certa raça das oportunidades de emprego, moradia e educação acessíveis a pessoas de outra raça. E as mulheres podem ser mantidas fora do mercado de trabalho, ou impedidas de desfrutar privilégios a que só os homens têm acesso. Aqui não se trata apenas de uma questão de má sorte. A discriminação racial e sexual é claramente injusta: é uma forma de desigualdade gerada por fatores que não deveriam interferir no bem-estar básico das pessoas. A equidade requer que tais oportunidades sejam abertas aos que têm qualificação, e, sem dúvida, é uma boa coisa quando os governos tentam impor essa igualdade de oportunidade.

É mais difícil, no entanto, opinar sobre as desigualdades que se manifestam no curso normal dos acontecimentos, sem discriminação racial ou sexual deliberada. Pois, mesmo que exista igualdade de oportunidade, e que qualquer pessoa qualificada possa ingressar numa universidade, conseguir um emprego, comprar uma casa ou candidatar-se a cargos – a despeito de raça, religião, sexo ou etnia –, ainda assim restarão inúmeras desigualdades. As pessoas provenientes de famílias mais abastadas geralmente terão melhor formação e mais recursos, e tenderão a ser mais capazes de competir por bons empregos. Mesmo num sistema de igualdade de oportunidades, algumas pessoas contarão com vantagens logo de início e sairão, por fim, mais beneficiadas que outras com os mesmos talentos naturais.

E não é só isso. Num sistema competitivo, as diferenças quanto aos talentos naturais produzirão grandes diferenças nos benefícios resultantes. Aqueles cujas habilidades são objeto de grande procura terão condições de obter rendimentos muito maiores do que aqueles sem nenhuma habilidade ou talento especial. Essas diferenças também são, em parte, questão de sorte. Embora tenhamos que desenvolver e usar nossas habilidades, nenhum esforço, por maior que seja, poderá capacitar a maioria de nós a atuar como Meryl Streep, pintar como Pablo Picasso ou fabricar automóveis como Henry Ford. Algo semelhante acontece com realizações menores. A sorte de ter um talento natural e, ao mesmo tempo, de pertencer a uma certa família ou classe é um importante fator para determinar os rendimentos e a posição social de alguém numa sociedade competitiva. Oportunidades iguais geram resultados desiguais.

Essas desigualdades, ao contrário dos resultados da discriminação sexual e racial, são produzidas por escolhas e ações que, em si, não parecem erradas. As pessoas tentam suprir as necessidades de seus filhos e dar-lhes uma boa educação, e algumas têm mais dinheiro que outras para destinar a esse propósito. Elas pagam pelos produtos, serviços e entretenimentos que desejam, e alguns fabricantes e artistas ficam mais ricos que outros porque o que têm a oferecer atende aos desejos de um número maior de pessoas. Todos os tipos de negócios e organizações buscam contratar empregados que executem bem as tarefas, e pagam salários mais altos para aqueles que têm habilidades especiais. Se um restaurante está repleto de clientes e um outro, vizinho, está vazio, porque o primeiro tem um *chef* talentoso e o segundo não, os clientes que escolhem o primeiro restaurante e evitam o segundo não estão agindo de maneira errada, embora suas escolhas tenham uma consequência infeliz para o proprietário e os empregados do segundo restaurante, bem como para suas famílias.

Tais efeitos são ainda mais incômodos quando deixam algumas pessoas em situação muito ruim. Em alguns países, grandes segmentos da população vivem na pobreza há gerações. Mesmo, contudo, num país rico como os Estados Unidos, muita gente inicia a vida com grandes desvantagens, devidas a fatores econômicos e educacionais. Algumas pessoas conseguem superar essas desvantagens, mas seu êxito exige mais esforço do que seria necessário se tivessem partido de uma situação melhor.

Mais perturbadoras, no entanto, são as enormes desigualdades de riqueza, saúde, educação e desenvolvimento entre países ricos e países pobres. A maioria das pessoas neste mundo nem sequer tem chance de um dia vir a desfrutar uma situação econômica equivalente à das pessoas mais pobres da Europa, do Japão ou dos Estados Unidos. Essas grandes diferenças de boa e má sorte parecem, sem dúvida, injustas; mas o que se deveria fazer a respeito, se é que se deveria fazer alguma coisa?

Precisamos pensar tanto na desigualdade quanto na solução necessária para reduzi-la ou eliminá-la. Com relação à desigualdade, a principal pergunta é: que *causas* da desigualdade são erradas? Com relação à solução, a pergunta mais importante é: quais são os *métodos* certos para se interferir na desigualdade?

No caso da discriminação racial ou sexual deliberada, as respostas são fáceis. A causa da desigualdade é errada porque aquele que discrimina está *fazendo* algo errado. E a solução é simplesmente impedi-lo de fazer isso. Se um senhorio se recusa a alugar seu imóvel a negros, deve ser processado por isso.

Mas em outros casos as questões são mais difíceis. O problema é que as desigualdades que parecem erradas podem surgir de causas que não envolvem pessoas *agindo* errado. Parece injusto que alguém sofra desvantagens por razões das quais não tem culpa, como nascer mais pobre do que outro. Mas tais desigualdades existem porque algumas pessoas foram mais bem sucedidas que outras em ganhar dinheiro e, assim, fazer o melhor que podiam para ajudar seus filhos. E, como as pessoas tendem a se casar com membros de sua própria classe social e econômica, elas acumulam riqueza e posição, que são transmitidas depois de uma geração a outra. As ações que se combinam para gerar essas causas – escolhas profissionais, aquisições, casamentos, heranças e esforços para criar e educar os filhos – não parecem erradas em si. O que está errado, se é que está, é o resultado: que algumas pessoas comecem a vida com imerecidas desvantagens.

Se rejeitamos esse tipo de má sorte por considerá-la injusta, deve ser porque não concordamos com que as pessoas sofram desvantagens das quais não têm culpa e que são, meramente, resultado do funcionamento normal do sistema socioeconômico em que nasceram. Alguns de nós talvez acreditem também que toda má sorte que não seja culpa de alguém, tal como nascer com uma deficiência física, deve, se possível, ser compensada. Mas deixemos esses casos fora desta discussão. Quero me concentrar aqui nas desigualdades imerecidas que resultam do modo como operam a sociedade e a economia, particularmente numa economia competitiva.

As duas principais fontes de desigualdades imerecidas, como disse, são as diferenças de classe socioeconômica em que as pessoas nascem, e as diferenças de talentos ou habilidades naturais para desempenhar tarefas pelas quais há muita procura. Pode ser que você não considere errada a desigualdade ocasionada por esses fatores. Mas, se acha que existe algo errado aí e que a sociedade deveria tentar reduzir esse tipo de desigualdade, então você deve propor uma solução que intervenha nas próprias causas ou que intervenha diretamente nos efeitos desiguais.

Ora, como vimos, as causas em si incluem escolhas relativamente inocentes que as pessoas fazem com relação a como investir seu tempo e dinheiro e como levar suas vidas. Interferir nas escolhas das pessoas sobre quais produtos comprar, como ajudar seus filhos, ou quanto pagar a seus empregados, é muito diferente de interferir em suas escolhas quando querem roubar bancos ou discriminar negros ou mulheres. Uma interferência mais indireta na vida econômica dos indivíduos é a tributação, particularmente os impostos sobre os rendimentos e a herança e alguns impostos sobre o consumo, que podem ter em vista tirar mais dos ricos que dos pobres. Essa é uma das formas pelas quais o governo pode tentar evitar que se desenvolvam grandes desigualdades de riqueza ao longo das gerações – impedindo que as pessoas conservem para si todo o dinheiro que têm.

Mais importante, porém, seria utilizar os recursos públicos obtidos com os impostos para propiciar as vantagens da educação e da subsistência às crianças de famílias que não têm condições de fazer isso por si sós. Os programas de bem-estar social tentam fazer isso, usando a renda proveniente dos impostos para oferecer benefícios básicos de assistência médica, alimentação, moradia e educação. Esse é um ataque direto às desigualdades.

No caso das desigualdades que resultam de diferenças de capacidade, não há muito o que se possa fazer para intervir nas causas, além de eliminar a economia competitiva. Enquanto houver competição na contratação de pessoas para os empregos, competição entre as pessoas pelos empregos, competição entre as firmas pelos clientes, alguns irão ganhar mais do que outros. A alternativa seria uma economia centralizada, na qual todos tivessem mais ou menos a mesma remuneração e houvesse uma autoridade centralizada, por assim dizer, que designasse as pessoas para os trabalhos. Embora tenha sido experimentado, esse sistema impõe pesados ônus à liberdade e à eficiência – pesados demais, na minha opinião, para ser aceitável, ainda que outros discordem.

Se pretendemos reduzir as desigualdades resultantes das diferenças de habilidade sem nos livrar da economia competitiva, será necessário atacar as próprias desigualdades. Isso poderia ser feito mediante uma tributação maior sobre rendas mais altas e pelo fornecimento gratuito de alguns serviços públicos a toda a população, ou às pessoas de rendimentos mais baixos. Poderia incluir-se aqui o pagamento em dinheiro àqueles que têm uma capacidade de ganho inferior, na forma do chamado "imposto de renda negativo". Nenhum desses programas eliminaria por completo as desigualdades imerecidas, e qualquer sistema de tributação terá outros efeitos sobre a economia – efeitos sobre o emprego e a pobreza, inclusive – que talvez sejam difíceis de prever. É complicada, portanto, essa questão da solução.

Voltemos nossa atenção para o aspecto filosófico: as medidas necessárias para reduzir as desigualdades imerecidas que têm origem nas diferenças de classe e de talento natural irão exigir interferências nas atividades econômicas dos indivíduos, sobretudo mediante a tributação: o governo tira dinheiro de algumas pessoas e o utiliza para ajudar outras. Esse não é o único uso que se faz dos impostos, nem mesmo o principal: muitos impostos são destinados a coisas que beneficiam mais aqueles que gozam de boa situação do que os pobres. Mas a tributação *redistributiva*, como é chamada, é a mais relevante para o nosso problema. Ela requer que o governo use seu poder para interferir naquilo que as pessoas fazem, não porque o que fazem seja errado em si, como o roubo ou a discriminação, mas porque contribui para um efeito que parece injusto.

Algumas pessoas não concordam com a tributação redistributiva, pois acham que o governo não deve interferir na vida das pessoas, a menos que elas estejam fazendo algo errado, e que todas as transações econômicas que produzem essas desigualdades não são erradas, mas totalmente inocentes. Às vezes sustentam também que não há nada de errado com as desigualdades em si: que, embora sejam *imerecidas* e as vítimas não tenham culpa, a sociedade não tem a obrigação de resolvê-las. A vida é assim, dirão elas: algumas pessoas têm mais sorte que outras. O único momento em que temos de *fazer* algo a respeito é quando o infortúnio é resultado de algum dano que uma pessoa causou a outra.

Trata-se de uma questão política controversa, sobre a qual há muitas opiniões diferentes. Algumas pessoas se opõem mais às desigualdades que surgem do fato de se nascer numa certa classe socioeconômica do que às desigualdades resultantes de diferenças de talento ou habilidade. Não aprovam as consequências geradas por uma pessoa nascer rica e outra numa favela, mas acham que uma pessoa merece os ganhos que pode obter com seus próprios esforços – de modo que não é injusto que uma pessoa ganhe muito e outra ganhe muito pouco, porque a primeira tem talento ou capacidade para desenvolver habilidades sofisticadas e a segunda só pode realizar trabalho não especializado.

Acredito que as desigualdades decorrentes de qualquer uma dessas causas são injustas. E é obviamente injusto que, por causa de um sistema econômico, algumas pessoas sofram significativas desvantagens materiais e sociais, das quais não têm culpa, quando isso pode ser evitado mediante um sistema de tributação redistributiva e programas de bem-estar social. Mas, para decidir-se sobre essa questão, você precisa refletir sobre as causas da desigualdade que considera injustas, e que soluções lhe parecem legítimas.

Falamos aqui principalmente do problema da justiça social dentro de uma certa sociedade. O problema é muito mais difícil quando abordado em escala mundial; primeiro, porque as desigualdades são grandes demais e, segundo, porque não é claro quais soluções são possíveis, na ausência de um governo mundial que pudesse arrecadar impostos mundiais e verificar se estão sendo eficientemente utilizados. Não há nenhuma perspectiva de um governo mundial, o que também é bom, pois provavelmente seria um governo horrível em muitos aspectos. Embora o problema da justiça global ainda persista, é difícil saber o que fazer com relação a ele nesse sistema de Estados soberanos independentes que temos hoje em dia.

9

Morte

Todos morrem, mas nem todos concordam sobre o que é a morte. Alguns acreditam que sobreviverão após a morte dos seus corpos, indo parar no Céu ou no Inferno, ou em algum outro lugar, tornando-se um fantasma ou voltando à Terra num corpo diferente, talvez nem mesmo como ser humano. Outros acreditam que deixarão de existir – que o ser se extingue quando o corpo morre. E, entre os que acreditam que deixarão de existir, há os que consideram isso um fato terrível e outros que não.

Algumas pessoas dizem que ninguém pode conceber a própria não existência e que, portanto, não podemos acreditar de fato que nossa existência chegará ao fim com a morte. Mas isso não parece verdade. É claro que não se pode conceber a própria não existência *a partir de dentro*. Não se pode conceber o que seria a aniquilação total, pois nada, visto de dentro, seria assim. Nesse sentido, porém, não se pode conceber o que seria estar completamente inconsciente, ainda que apenas por algum tempo. O fato de que não se possa conceber tal coisa a partir de dentro não significa que não se pode concebê-la de jeito algum: você só precisa pensar em si mesmo visto de fora, como se estivesse desmaiado ou num sono profundo. E, embora tenha de estar consciente para *pensar* nisso, não significa que está pensando *em* você como se estivesse consciente.

É a mesma coisa com a morte. Para imaginar sua própria aniquilação, você tem de pensar nela a partir de fora – pense no corpo da pessoa que você é, privado da vida e da experiência. Para imaginar algo, não é necessário imaginar como *você* se sentiria ao experimentá-lo. Quando imagina seu próprio funeral, não está imaginando a situação impossível de estar *presente* no seu próprio funeral: está imaginando como seria o funeral visto pelos olhos de outra pessoa. É claro que você está vivo enquanto pensa na sua morte, mas a dificuldade então não é maior do que estar consciente enquanto se imagina inconsciente.

A questão da sobrevivência após a morte está relacionada com o problema mente-corpo, que discutimos anteriormente. Se o dualismo está certo, e cada pessoa consiste numa alma e num corpo ligados entre si, podemos entender a possibilidade da vida após a morte. A alma teria que ser capaz de existir por si só e ter vida mental sem a ajuda do corpo: nesse caso, poderia deixar o corpo no momento da morte, em vez de ser destruída. Ela não conseguiria ter o tipo de vida mental – de ações e percepções sensoriais – que depende de estar ligada ao corpo (a não ser que se ligasse a um novo corpo), mas poderia ter um outro tipo de vida interior, que dependesse talvez de diferentes causas e influências – comunicação direta com outras almas, por exemplo.

Digo que a vida após a morte *seria* possível se o dualismo fosse verdadeiro. Poderia também não ser possível, pois a sobrevivência da alma e a continuidade da consciência dela poderiam depender inteiramente da sustentação e do estímulo que recebe do corpo no qual está alojada – e talvez não pudesse trocar de corpos.

Mas, se o dualismo é um equívoco, e os processos mentais se desenrolam no cérebro e dependem totalmente do funcionamento biológico do cérebro e do resto do organismo, então a vida após a morte do corpo não é possível. Para ser mais exato, a vida mental depois da morte exigiria a restauração da vida física, biológica: exigiria que o *corpo* voltasse à vida. Isso pode tornar-se tecnicamente possível algum dia: no futuro, talvez seja possível congelar os corpos das pessoas quando morrem e, mais tarde, por meio de avançados procedimentos médicos, curar o problema que tinham e trazê-las de volta à vida.

Mesmo que tal coisa fosse possível, ainda restaria a questão de saber se a pessoa trazida à vida muitos séculos depois seria você ou alguma outra. Talvez, se você fosse congelado após a morte e seu corpo revivido mais tarde, não seria *você* a despertar, mas alguém muito semelhante, com memórias de sua vida passada. Contudo, ainda que fosse possível reviver o mesmo você no seu mesmo corpo, não é isso que normalmente se quer dizer com vida após a morte. Vida após a morte geralmente significa vida sem o antigo corpo.

É difícil saber como poderíamos concluir se temos ou não almas independentes. Tudo indica que, *antes* da morte, a vida consciente depende inteiramente do que acontece no sistema nervoso. Se nos guiarmos somente pela observação habitual, e não por doutrinas religiosas e por espiritualistas que alegam comunicar-se com os mortos, não há motivo para acreditar numa pós-vida. Mas seria essa uma razão para acreditar que *não* existe pós-vida? Penso que sim, mas outros talvez prefiram permanecer neutros.

Há outros ainda que, na ausência de provas concretas, talvez acreditem na vida após a morte por uma questão de fé. Pessoalmente, não entendo muito bem como é possível esse tipo de crença inspirada pela fé, mas decerto algumas pessoas lidam bem com isso e até mesmo acham natural.

Volto-me agora para o outro lado da questão: como devemos nos *sentir* com relação à morte. É uma coisa boa, uma coisa ruim, ou nem uma coisa nem outra? Refiro-me ao que seria sensato sentir com relação à própria morte – não tanto com relação à morte de outras pessoas. Devemos encarar a perspectiva da morte com terror, tristeza, indiferença ou alívio?

Tudo depende, é claro, do que é a morte. Se há vida depois dela, a perspectiva será sombria ou feliz, dependendo do lugar onde sua alma irá parar. Mas a difícil questão – e, do ponto de vista filosófico, a mais interessante – é como deveremos nos sentir com relação à morte se ela representar o fim? Será terrível ser privado da existência?

As pessoas divergem quanto a isso. Algumas dizem que a não existência, sendo o nada absoluto, não pode ser nem boa nem má para quem morreu. Outras dizem que a aniquilação, a interrupção total da continuidade futura da sua vida, é o pior de todos os males, ainda que todos tenhamos de enfrentá-lo. Outras ainda dizem que a morte é uma bênção – não, é claro, quando precoce –, pois seria insuportavelmente entediante viver para sempre.

Se a morte, sem nenhum depois, é algo bom ou mau para a pessoa que morre, deve ser um bom ou mau *negativo*. Uma vez que ela é nada, não pode ser nem agradável nem desagradável.

Se é boa, deve ser pela ausência de algo ruim (como o tédio ou o sofrimento); se é má, deve ser pela ausência de algo bom (como experiências interessantes ou prazerosas).

Ora, ao que parece, a morte não pode ter nenhum valor, positivo ou negativo, pois alguém que deixa de existir não pode ser nem beneficiado nem prejudicado: afinal, mesmo um bem ou mal *negativo* tem de se endereçar a *alguém*. Pensando bem, contudo, isso não chega a ser um problema. Podemos dizer que a pessoa que *então* existia foi beneficiada ou prejudicada pela morte. Por exemplo, imagine que ela esteja presa num prédio em chamas e uma viga cai sobre sua cabeça, matando-a instantaneamente. Com isso, ela não sofre a agonia de ser queimada até a morte. Parece que, nesse caso, podemos dizer que ela teve a sorte de morrer sem dor, pois se safou de algo pior. A morte naquele momento foi um bem negativo, pois a poupou do mal positivo que, do contrário, ela sofreria pelos cinco minutos seguintes. E o fato de que não tenha sobrevivido para desfrutar esse bem negativo não significa que não foi bom para ela, mesmo assim. "Ela" significa a pessoa que estava viva e que teria sofrido se não tivesse morrido.

O mesmo se pode dizer sobre a morte como mal negativo. Quando você morre, todas as coisas boas da sua vida chegam ao fim: nada mais de refeições, cinema, viagens, conversas, amor, trabalho, livros, música ou qualquer outra coisa. Se essas coisas eram boas, a ausência delas é ruim. É claro que você não *sentirá falta* disso tudo: a morte não é como estar trancado num confinamento solitário. Mas o fim de tudo o que é bom na vida, pelo cessar da própria vida, parece ser claramente um mal negativo para a pessoa que estava viva e agora está morta. Quando morre alguém que conhecemos, lamentamos não apenas por nós mesmos mas pela pessoa, pois ela não verá o sol brilhar hoje, nem sentirá o aroma do pão assando no forno.

Quando você pensa na própria morte, o fato de que todas as coisas boas da vida chegarão ao fim é, com certeza, motivo de pesar. Mas a história não para por aí. A maioria das pessoas deseja, por isso, aproveitar mais as coisas de que gosta; para outras, porém, a perspectiva da não existência, por si só, é assustadora, de tal modo que nada do que foi dito até agora pode servir de explicação. É muito difícil aceitar a ideia de que o mundo prosseguirá sem nós, de que nos tornaremos *nada*.

Não se sabe bem por quê. Todos aceitamos o fato de que houve uma época, antes de nascermos, em que não existíamos – por que então deveríamos ficar tão perturbados com a perspectiva de não existir após a morte? De algum modo, porém, não é o mesmo sentimento. Para muitas pessoas, a perspectiva da não existência é assustadora num sentido em que a não existência passada jamais poderá ser.

O medo da morte é um grande enigma, e um enigma que não corresponde ao pesar pelo fim da vida. É fácil entender o desejo que temos, talvez, de viver mais, de desfrutar por mais tempo as coisas que fazem parte da vida, e por isso vemos a morte como um mal negativo. Mas como a *perspectiva* da não existência pode ser alarmante num sentido positivo? Se realmente deixamos de existir ao morrer, então não há nada que possamos esperar; assim, como poderíamos temer alguma coisa? Se pensamos nisso logicamente, parece que só devemos temer a morte se *sobrevivermos* a ela, passando, quem sabe, por alguma transformação terrível. Mas isso não impede que muitas pessoas pensem na aniquilação como a pior coisa que lhes poderia acontecer.

10
O significado da vida

Você talvez pense que nada disso tem a menor importância, pois daqui a duzentos anos todos estaremos mortos. É um pensamento curioso, pois o fato de que estaremos mortos daqui a duzentos anos não é um motivo suficientemente claro para acharmos que nada do que fazemos agora tem importância.

Essa ideia dá a impressão de que estamos numa espécie de corrida de ratos, lutando para alcançar nossos objetivos e fazer alguma coisa das nossas vidas, mas que isso só faz sentido se nossas conquistas forem permanentes. Mas não serão. Mesmo que você escreva uma grande obra literária, que continue a ser lida pelos próximos milhares de anos, o sistema solar acabará se resfriando, ou o universo entrará em colapso, e todos os vestígios do seu esforço desaparecerão com ele. Em todo caso, não podemos esperar nem mesmo por uma fração desse tipo de imortalidade. Se existe algum sentido naquilo que fazemos, temos de encontrá-lo em nossas próprias vidas.

E por que isso é difícil? Você consegue explicar o sentido de muitas coisas que faz. Trabalha para ganhar dinheiro e, assim, sustentar a si próprio e, talvez, sua família. Come porque tem fome, dorme porque está cansado, sai para passear ou telefona para um amigo porque sente vontade, lê o jornal para saber o que está acontecendo no mundo. Se não fizesse alguma dessas coisas, você seria infeliz. Então, qual é o problema?

O problema é que, embora haja justificativas e explicações para a maior parte das coisas, grandes e pequenas, que fazemos *na* vida, nenhuma dessas explicações explica o sentido da nossa vida como um todo – o todo do qual fazem parte todas essas atividades, sucessos e fracassos, esforços e frustrações. Se você pensar no todo, parece não haver nenhum sentido nele. Vendo-o de fora, não faria diferença se você nunca tivesse existido. E, depois que deixar de existir, não fará diferença que tenha existido.

É claro que a sua existência tem importância para outras pessoas – seus pais e outros que se interessam por você –, mas, no todo, nem a vida delas tem sentido, de modo que, em última análise, não faz diferença que se importem com você. Você se importa com elas e elas se importam com você, e isso talvez dê à sua vida um sentimento de importância, mas o que estão fazendo é apenas lamber-se uns aos outros, por assim dizer. Toda pessoa, dado que existe, tem necessidades e interesses que tornam certas coisas e pessoas da sua vida importantes para ela. Mas o *todo* não importa.

Faz alguma diferença, contudo, que ele não importe? "E daí?", você poderia dizer. "É suficiente que eu me importe em chegar à estação antes que o meu trem parta, ou que me lembre de dar comida ao gato. Não preciso de mais nada para continuar vivendo." É uma resposta muito boa. Mas só funciona se você realmente consegue evitar de olhar mais além e de indagar qual é o sentido de tudo. Pois, assim que faz isso, você se abre à possibilidade de que sua vida não faz sentido.

A ideia de que você estará morto daqui a duzentos anos é apenas uma forma de ver sua vida inserida num contexto mais amplo, de modo que o significado de coisas menores dentro dela não parece dizer muita coisa – parece deixar sem resposta uma pergunta mais ampla. E se a sua vida como um todo tivesse algum propósito em relação a algo maior? Significaria, afinal, que ela não é sem sentido?

Existem várias maneiras de dar à sua vida um significado maior. Você pode ingressar num movimento político e social que mude o mundo para melhor, em benefício das gerações futuras. Ou pode simplesmente contribuir para proporcionar uma boa vida para seus filhos e os descendentes deles. Ou pode acreditar que sua vida tem sentido num contexto religioso, de modo que seu tempo na Terra seja apenas uma preparação para uma eternidade em contato direto com Deus.

Já assinalei qual é o problema com relação aos tipos de significado que dependem das relações com os outros, até mesmo as pessoas de um futuro distante. Se a vida de alguém tem sentido como parte de uma coisa maior, ainda assim é possível indagar qual é o sentido dessa coisa maior. Ou há uma resposta em termos de algo maior, ou não. Se há, simplesmente repetimos a pergunta. Se não há, então nossa busca de um sentido para a vida terminou em algo que não tem sentido. No entanto, se a falta de sentido é aceitável para a coisa maior da qual faz parte nossa vida, por que então essa falta de sentido não deveria, desde já, ser aceitável com relação à nossa vida como um todo? Qual é o problema de não haver propósito para sua vida? Se não podemos aceitar isso aqui, por que devemos aceitá-lo quando se trata de um contexto maior? Por que não ir em frente e perguntar: "Mas qual é o sentido de tudo *isso*?" (da história humana, das sucessivas gerações etc.).

O apelo a um significado religioso é um pouco diferente. Se você acredita que o significado da sua vida está ligado à realização do propósito de Deus, que o ama, e à perspectiva de encontrá-Lo na eternidade, então não parece apropriado perguntar: "Qual é o sentido de tudo *isso*?" Supõe-se que o sentido seja esse mesmo e que não pode haver nenhum outro propósito além dele. Mas é exatamente aí que está o problema.

A ideia de Deus parece ser a ideia de algo que pode explicar tudo, sem precisar ele próprio de explicação. É muito difícil, porém, entender tal coisa. Se perguntamos: "Por que o mundo é assim?", e nos oferecem uma resposta religiosa, como podemos evitar de perguntar de novo: "E por que *isso* é verdade?" Que tipo de resposta poria fim a todos os nossos "por ques", de uma vez por todas? E, se nossas perguntas podem cessar nesse momento, por que não puderam cessar antes?

O mesmo problema parece surgir quando Deus e Seus desígnios são apresentados como a explicação derradeira do valor e significado da nossa vida. A ideia de que nossas vidas cumprem o propósito divino supostamente dá sentido a elas, de um modo que não requer nem admite nenhum outro sentido. Não se espera que uma pessoa pergunte: "Qual é a finalidade de Deus?", assim como não se espera que ela pergunte: "Como se explica Deus?"

Meu problema aqui, com o papel de Deus como explicação derradeira, é que não tenho certeza de que entendo a ideia. Pode realmente haver algo que, por conter todas as coisas, dê sentido a elas, sem que no entanto ele próprio tenha ou necessite de algum sentido? Algo cujo sentido não pode ser questionado de fora porque não existe o lado de fora?

Se Deus supostamente dá às nossas vidas um significado que não compreendemos, isso não serve muito de consolo. Como justificativa ou explicação derradeira, Deus pode ser uma resposta incompreensível a uma pergunta da qual não conseguimos nos livrar. Por outro lado, esse talvez seja o sentido de tudo, e a falha é minha de não entender as ideias religiosas. Talvez a crença em Deus seja a crença de que o universo é inteligível, mas não para nós.

Deixando de lado esse assunto, vou retornar às dimensões menores da vida humana. Mesmo que a vida como um todo não tenha sentido, talvez não haja motivo para nos preocupar. Talvez possamos reconhecer isso e simplesmente seguir como antes. O truque é manter os olhos no que está à sua frente e deixar que as justificativas se esgotem na sua vida e na vida das pessoas que estão ligadas a você. Se um dia chegar a indagar: "Mas qual é o sentido de estar vivo, afinal?" – seja você um estudante, um garçom ou qualquer outra coisa –, responda: "Não há sentido algum. Não faria diferença se eu não existisse, ou se não me importasse com nada. Mas eu existo e me importo. E isso é tudo."

Algumas pessoas consideram essa atitude totalmente satisfatória. Outras acham que é deprimente, mas inevitável. O problema, em parte, é que alguns de nós têm uma tendência incurável a levar-se a sério. Queremos ser importantes para nós mesmos "a partir de fora". Se nossas vidas como um todo parecem sem sentido, então parte de nós fica insatisfeita – a parte que está sempre vigiando o que fazemos. Muitos esforços humanos, especialmente aqueles a serviço de ambições mais sérias do que o mero conforto e sobrevivência, obtêm sua energia de um senso de importância – o senso de que o que você faz não é importante apenas para você, mas importante num sentido maior: importante e ponto. Abrir mão disso poderia representar uma ducha de água fria em nosso entusiasmo. Se a vida não é real, se não é séria, e, se o que nos espera é o túmulo, talvez seja ridículo levar-nos tão a sério. Por outro lado, se não podemos evitar de nos levar tão a sério, talvez simplesmente tenhamos de aceitar o fato de ser ridículos. A vida pode ser não apenas sem sentido, mas também absurda.